臺灣歷史與文化 研究輯刊

八　編

第 9 冊

台灣檳榔的文化符碼及其政治運用

陳 正 維 著

花木蘭文化出版社

國家圖書館出版品預行編目資料

台灣檳榔的文化符碼及其政治運用／陳正維 著 -- 初版 -- 新北
市：花木蘭文化出版社，2015〔民104〕
目 2+152 面；19×26 公分
（臺灣歷史與文化研究輯刊 八編；第 9 冊）
ISBN 978-986-404-435-1（精裝）
1. 檳榔 2. 文化研究 3. 臺灣
733.08   104015136

ISBN- 978-986-404-435-1

臺灣歷史與文化研究輯刊
八 編 第 九 冊   ISBN：978-986-404-435-1

台灣檳榔的文化符碼及其政治運用

作　　者　陳正維
總 編 輯　杜潔祥
副總編輯　楊嘉樂
編　　輯　許郁翎
出　　版　花木蘭文化出版社
社　　長　高小娟
聯絡地址　235 新北市中和區中安街七二號十三樓
　　　　　電話：02-2923-1455／傳真：02-2923-1452
網　　址　http://www.huamulan.tw 信箱 hml810518@gmail.com
印　　刷　普羅文化出版廣告事業
初　　版　2015 年 9 月
全書字數　131354 字
定　　價　八編 29 冊（精裝）台幣 58,000 元

台灣檳榔的文化符碼及其政治運用

陳正維 著

作者簡介

陳正維，1984 年生，籍貫屏東，臺中市出生長大，受做生意而喜愛四處遊歷的雙親影響，對於土地的故事感到熱愛。

2004 年進入靜宜大學臺灣文學系就讀，展開「認識臺灣」的專業訓練，尤以文化研究、臺灣史之領域較為興趣，十年後，在該系取得碩士學位。

有感於主流價值對於某些臺灣文化多所誤解，遂以受歧視頗深的檳榔文化為碩論研究主題，頗析歧視的形成脈絡及背後目的，並藉以發掘臺灣人的檳榔故事，期勉找回文化的關懷與溫度。

提　　要

本論文探討臺灣檳榔文化符號的形成脈絡；檳榔符號在清朝、日本時代以及戰後國民黨政權的政治運用；反檳榔論述的歧視性。檳榔，除了「嗜好性食品」的功能，還在臺灣人的「生命禮儀」和「社交行為」上扮演重要角色，更在近代發展出「檳榔西施文化」、「多功能性的檳榔攤」；被賦予了「低下階層」、「臺灣人」、「臺灣主體性」、「黑齒文明」和「反叛性」的符號意涵，因而在政治、媒體中有廣泛的操作空間，蓬勃多元的面貌，世界獨有，故檳榔是臺灣的文化特色。

綜觀各時代：清朝只將檳榔視作臺人象徵、課稅標的，並無限制。日本時代前期，對檳榔並無特別管制，1937 年後，因應戰事需求、皇民化政策，壓制檳榔產業，以接收土地資源轉作高營養作物，並且將檳榔操作成臺灣人陋習，推廣戒除，以摘除臺灣人象徵。戰後國民黨政權，將檳榔操作成各社會問題元凶，以掩飾政策失誤造成的各項災害，在官方和社會認知的反檳榔論述中，有諸多不合理、帶有歧視的論點。

近代臺灣領袖，從蔣經國開始，就以檳榔操作「親民」、「本土性」；李登輝總統以檳榔操作「民主精神」；馬英九以檳榔操作「本土性」、「弱勢關懷」、「性連結」，並多次以檳榔掩護其遭受質疑的政策；陳水扁總統則是較不擅長操作檳榔符號的領袖。在 1990 年代的政治場域，檳榔也成為「臺灣人出頭天」的象徵。

本論文也分析出，「遭受壓迫」，是檳榔成為臺灣人符號的重要因素，這與「臺灣話成為臺灣民族主義者 (臺獨分子) 使用語言」、「臺灣民族意識的形成過程」有相同特質。

在臺灣，檳榔是極富爭議，能夠被拿來做正反操作的符號，其符號意涵仍然隨著時代在演變之中，是具備生命力的符號。理解檳榔符號的操作手法，可提升檢視政府作為的判斷力；增進對受壓迫者的關懷能力。使「多元文化」的民主價值成為可能。

謝　誌

　　寫了六年，終於結束了，我已分不清這是第幾次休學後的復學，中間還驚險的收到半個月後入伍的兵單，好在申請複檢，以免役體位閃過，否則可能永遠寫不完，但也因延畢，有幸以學生身分參與了 318 學運，彌足珍貴。回首，2004 年，隨著阿扁總統連任的激情，從屏科大跑來靜宜重讀大一的我，居然在這度過了十年，廿歲到卅歲，人生最精華的時光，真是含著眼淚，檢視記憶中的每刻。

　　向研究所報到的前幾天，父親被發現癌症末期，我被迫在瞬間長大，感受惶恐的生活，邊讀研究所，邊硬著頭皮接手家裡的生意，往後的規劃，與我大學時的想像，慢慢疏遠，難以有機會從事臺灣文化相關的頭路了。慶幸的是，父親奇蹟般的戰勝癌症，親眼看見兒子拿到了家族首個碩士學位。

　　即便未來的職業與臺灣文學沒有直接相關，但我會以在這養成的人格，繼續以文學之眼摸索我最愛的臺灣，關懷土地的故事，做個有溫度的人，就跟十年前我來到靜宜時所懷抱的熱情一樣。謝謝母校、師長與家人的庇蔭，感激，非常感激，結束了。

　　分享改編自葉珊散文的某段話：「你要離開了靜宜，才知道世界原來並不是那麼美好的，也不知道，世界原來比靜宜美好！」告別人生 1.0，繼續流淚與歡笑，領受痛苦不堪卻又甘之如飴的美好世界。

　　本論文口試，全程使用臺灣話，惟內文以北京話書寫。

　　以下特別感謝：口考委員許世融博士、張靜茹系主任，主任看了我十年，依依不捨阿！指導教授廖瑞銘博士，除了作研究，您的處事方法，也受教良多；在生態知識給我方向的楊國禎博士；對我論文相當關心的阮文池博士；

田調啟蒙者林茂賢教授、楊翠教授、方怡中學長；陳明柔館長；助我大學畢業的東海日文侯一峰教授；為我操煩行政事宜的林聲邦助教、嚴小實老師、吳思儀女士；田調對象：阿忠、致延、泓霖、俊碩、永川、臺東「有時回家」民宿老闆娘及旁邊的荖葉農（以上田調受訪者皆為弘光科大許家瑋同學協助拜訪）、內埔檳榔業者黃明福；友人黃虹郡；協助收集資料的前海洋之聲電台長林亦勝；充滿生命鬥志的父母親支持我把書讀完；謝謝以上人士的照料，沒齒難忘。最後感激信仰的所在——臺灣，總是孕育令人喜悅的事物，使我永遠疼惜，祈求時局循著光明之道，助子民在太平洋上，建立起臺灣人的國。

謝　誌

第一章　緒　論 ……………………………………… 1

　第一節　研究動機與目的 ………………………… 1

　第二節　文獻回顧 ………………………………… 4

　　一、學位論文 …………………………………… 4

　　二、專書、期刊論文 …………………………… 6

　第三節　研究方法及論文架構 …………………… 9

第二章　臺灣的檳榔文化 ………………………… 13

　第一節　檳榔的知識 ……………………………… 13

　　一、檳榔的生態 ………………………………… 13

　　二、臺灣檳榔的販售與食用方式 ……………… 25

　第二節　檳榔的臺灣化 …………………………… 30

　　一、以檳榔為名的地名 ………………………… 31

　　二、傳統文化中的檳榔 ………………………… 33

　　三、臺灣檳榔買賣的特殊現象 ………………… 37

第三章　臺灣的檳榔產業與檳榔族群的人口結構 … 49

　第一節　檳榔的產業 ……………………………… 49

　第二節　檳榔族群的結構 ………………………… 56

第四章　官方檳榔政策與社會態度 ……………… 61

　第一節　清朝與日本殖民當局對於檳榔的態度 …… 61

　　一、清朝時代 …………………………………… 61

　　二、日本時代 …………………………………… 63

　第二節　戰後國民黨政府的檳榔政策與社會輿論 … 69

　　一、檳榔政策 …………………………………… 70

　　二、檳榔危害論 ………………………………… 75

　　三、媒體的書寫與政治操作 …………………… 82

第五章　檳榔與臺灣人的自我認同 ……………… 95

　第一節　臺灣認同的形成 ………………………… 96

　　一、日本時代以前的臺灣認同 ………………… 96

　　二、日本時代的臺灣認同 ……………………… 99

　　三、戰後的臺灣認同 …………………………… 102

　第二節　臺灣符號的來源、類別 ………………… 104

　第三節　檳榔作為臺灣符號的脈絡 ……………… 107

　　一、生活上的普遍性 …………………………… 107

目

次

二、在壓迫中產生意識 ················· 109

第四節　檳榔形象與臺灣人的性格 ····· 113

第六章　結　論 ·················· 117

參考書目 ·························· 127

表　格 ···························· 143

表格 1 「檳榔近十年進出口資料統計表」 ····· 143

表格 2 檳榔進出口國家量值資料 ····· 144

表格 3 臺灣地區各縣市檳榔攤經營概況 ····· 145

表格 4 1996 年臺灣地區成人吸菸和檳榔行為聚集
類型按社會人口學因素之分佈 ····· 146

表格 5 檳榔種植面積統計 ····· 147

表格 6 檳榔收穫面積統計 ····· 148

表格 7 檳榔產量統計 ····· 149

附錄：以檳榔西施為創作主題的藝術作品資料 ····· 151

圖　次

圖 1 〈猱採〉本圖 ····· 20

圖 2 都市中的檳榔園 ····· 23

圖 3 荖葉 ····· 26

圖 4 荖藤青仔 ····· 27

圖 5 蔗土 ····· 55

圖 6 蔗土 ····· 55

圖 7 日本時代「一百圓鈔」 ····· 66

第一章 緒 論

第一節 研究動機與目的

在臺灣，檳榔文化隨處可見。省道、交流道，成群的檳榔攤，彷彿是在迎接旅人到來，也像是在為出外的遊子送別。不論山坡或平地，總是可見檳榔林、檳榔園，甚至是民宅的牆邊稀疏竄出的檳榔樹，無所不在。七彩霓虹燈裝潢的店面，高腳椅上穿著性感服裝的「檳榔西施」，更是臺灣的特色景象。無論有沒有吃檳榔，臺灣人的生活都無法忽視檳榔。

根據政府資料統計，臺灣目前約有 176 萬以上的嚼食檳榔人口〔註1〕。臺灣的勞動者，具有咀嚼檳榔習慣者不少，無論是貨運司機、工人，時常滿嘴檳榔，並因荖葉或石灰，在口中產生的化學作用，使得嘴唇發紅，故被稱作「紅唇族」。檳榔在臺灣不只是一個習慣而已，在社會認定中，它時常也成為職業的符號、階層的象徵，以及禮數的表達。

檳榔在臺灣禮俗中，本具有相當的地位，傳統本省人見面時，時常以相

〔註1〕 行政院主計處，根據行政院衛生署國民健康局、食品藥物管理局（前管制藥品管理局）與國家衛生研究院共同規劃辦理之「民國98年國民健康訪問暨藥物濫用調查」檳榔人口比率所整理出《性別統計專刊年報》的統計資料，2009年的 18 歲以上食用檳榔者，佔人口比率的百分之 7.6，再將此比率乘以 2010年第四週，內政部統計處所發佈的內政統計通報，2009 年底臺灣戶籍登記人口有 2312 萬人，得到 175.7 萬人嚼食檳榔的數字。嚼檳榔比率的定義：臺灣地區 18 歲以上國人自述最近 6 個月內曾嚼食檳榔（偶而或應酬時嚼食也包括在內）。儘管在部份期刊和文獻，所記載的統計資料都表示「臺灣有三百萬的嚼食人口」，但目前較準確的檳榔嚼食人口數，應為 175 萬以上。

請檳榔，作為「分享」以及「善意」的表現；結婚儀式也會準備檳榔。原住民文化中，在不同的族群裡，檳榔也分別有：祭神、作法、甚至是愛情信物等不同的象徵與功能。

從中國古典文獻中可得知，明清以來，檳榔就是具有臺灣特色的物品。例如中國來臺文人的遊宦文學、官方地誌，裡邊有不少資料，都記載了臺灣的檳榔文化，像是陳夢林主編的《諸羅縣志》，裡面清楚描繪了臺灣人熱烈使用檳榔的情景：「土產檳榔，無益饑飽，云可解瘴氣；薦客，先於茶酒。閭里雀角或相詬誶，其大者親鄰置酒解之，小者輒用檳榔。百文之費，而息兩氏一朝之忿；物有以無用為有用者，此類是也。然男女咀嚼，競紅於一抹；或歲糜數十千，亦無謂矣。」〔註2〕，或是像當時的官員所記載的：「啖檳榔者男女皆然，行臥不離口；啖之既久，唇齒皆黑，家日食不繼，惟此不可缺也。解紛者彼此送檳榔輒和好，款客者亦以此為敬。」〔註3〕如引文所示，檳榔即便沒有營養價值，但無論在於開銷上、還是社交禮數上，都在臺灣人的社會中佔有高度地位和豐富的功能性。

臺灣的檳榔文化也在日本時代引起學者的注意，例如，伊能嘉矩，將臺民熱愛吃檳榔的社會風氣，與賭博、祭祀等，一同視作臺灣人的「奢侈之民風」，收錄於《台灣文化志》中〔註4〕。

戰後來臺的中國移民，檳榔成為文學作品中的臺灣印象，余光中在其詩作〈初嚐檳榔〉〔註5〕裡寫道，第一次吃檳榔時，友人告訴他「不咬檳榔，怎麼會曉得南部的泥土有甚麼秘密？」，余光中享受檳榔帶來的微醺感之後，還高喊「再來一粒！」，檳榔，能讓人深刻感受的臺灣體驗。公路旁，七彩霓虹的檳榔攤，還有以曼妙姿態身處其中的檳榔西施，也成為中、日等國觀光客來到寶島時，喜愛探詢的一個「景點」。某些來臺的中國旅行團，會安排「檳榔西施」到遊覽車上販賣檳榔的行程〔註6〕。日本籍的攝影師荒木徑惟，也曾來臺製作以檳榔西施為主題的攝影集〔註7〕。足見，在外國人

〔註2〕周鍾瑄，〈風俗志〉，《諸羅縣志》（臺北：臺灣銀行，1962年）頁145。
〔註3〕朱景英，〈記氣習〉，《海東札記》（臺北：臺灣銀行，1958年）頁28。
〔註4〕伊能嘉矩，《台灣文化志》第2卷（日本：刀江書院，1928年）頁327。
〔註5〕余光中，〈初嚐檳榔〉，《鄉間小路》30卷12期（2004年12月）。
〔註6〕社會中心，〈迎陸客／檳榔西施禁上車賣檳榔　違者罰！〉，《nownews》，2008年7月3日，（來源：http://legacy.nownews.com/2008/07/03/11476-2298913.htm）
〔註7〕荒木徑惟曾於1999年來臺灣舉辦過攝影展，當時為配合展覽，拍攝了一系列臺灣街頭影像的作品，其中，檳榔西施即為展覽目錄的封面女郎，請見

士的心中，「檳榔文化」具有獨特性與魅力。臺灣文學作品，不乏以檳榔為創作的題材者，例如，鄭清文的小說〈檳榔城〉〔註 8〕，以檳榔呈現臺灣的故鄉印象，對比工業發展的北部都市，檳榔所在地展現的，是溫馨、熱忱與信任的人情味；張文環的散文〈檳榔籃〉〔註 9〕則是以故鄉特產「檳榔籃」貫穿全文，將故鄉人的情感交流，寄情於在地的工藝產品中，也呈現了故鄉嘉義的產業特色〔註 10〕。

臺灣，不是世界上唯一有吃檳榔習俗存在的地方，但與檳榔相關的行業、習慣、風俗，集合而成的「檳榔文化」，絕對堪稱是臺灣的特色之一，檳榔是臺灣人的生命經驗中，具有相當份量的要素。

然而，檳榔這個與臺灣人淵源甚深的「傳統文化」、「本土產業」，卻是政府極力壓制、負面化的對象，是個必須被端正的「陋習」，如同林崇熙教授所說：

> 在台灣，檳榔被談成是很不衛生的（隨地吐檳榔汁）、不道德的（檳榔西施）、唯利是圖的（水土保持不佳）、不健康的（會得口腔癌），這些都違反「社會正義」而需要被糾正、消弭、取締、與管理。〔註 11〕

因此，在政府的政策中，檳榔要不是被遺棄在社會資源外，要不就是被框架起來「特別管理」。

教育體制中，透過「春暉專案」、「健康宣導」等，使學生接觸到的檳榔資訊，盡是負面的。政府的文宣、媒體的報導，更是刊載大量「專家」、「學者」、「健康相關基金會」所提供的「研究報告」、「數據」，來表示檳榔是如何的危害社會。新聞報導中，嚼食檳榔與否，還成為判斷新聞人物是否為具有不良形象的一個依據。

《Nobuyoshi Araki Alive》荒木徑惟北美館展覽特刊（展覽期間 1999 年 9 月 4 日～11 月 28 日）（臺北：臺北市立美術館）。

〔註 8〕鄭清文，《檳榔城》（中國：長江文藝出版社，1993 年 10 月）。

〔註 9〕張文環，〈檳榔籃〉，《文藝台灣》1 卷 6 號（1940 年 12 月）。

〔註 10〕〈嘉義名產〉，《漢文臺灣日日新報》，1905 年 8 月 15 日，第 6 版「嘉義北門口雲霄厝庄。人善於製造。精細竹籃。大小分為數種。臺人甚酷好之。嘉俗凡女子嫁時。必有一筐之檳榔籃。及餅餌籃。亦其慣例也。竹籃為嘉義之名產。與大甲之蓆帽將毋同。」

〔註 11〕林崇熙，〈檳榔、知識、與社會正義的辯證〉，「台灣鄉村社會學年會暨空間不平等與社會包容學術研討會」論文（台灣鄉村社會學會主辦，2004 年 6 月）。

筆者感到困惑之處在於：既然檳榔是個本土產業，有龐大的人口賴以維生，政府為何透過各種政策的制定，試圖要讓這門在地產業走入歷史，這豈不是會影響到許多人的生計？檳榔是當權者眼中的陋習、許多社會問題的元凶、健康危害的因子，但卻是文學作品中的本土象徵，民眾普遍可觸及的生活經驗，既然是不好的事物，為何還要將對本土的情懷、故鄉的思念投射於檳榔之中？假設某食用油被檢驗出黑心成分，則人民皆避之唯恐不及，政府不斷宣傳檳榔的害處，食檳榔者卻在所多有，這些人執意使用政府口中百害無益的檳榔，豈非違反常態的舉動？社會上很多事物都存在害處，但為何檳榔常被作有關人格形象、偏差行為的討論，而不像其他有害事物般，單純聚焦事物的健康層面作討論？其負面形象是如何演變而成的？檳榔如何成為臺灣的族群符號？

為釐清以上的困惑，筆者期待以本論文的研究：探討政策、社會態度對於檳榔的歧視現象，及其運作模式、背後動機。探討檳榔成為臺灣符號的脈絡，以及此符號在政治上的運用。

第二節　文獻回顧

有關於檳榔的學術論文，大多集中於檳榔的危害方面，例如對健康的危害；檳榔危害產生的機制；檳榔對於水土保持的危害研究，各族群、各階層食用檳榔的情形與疾病關係研究等，科學領域範疇的研究主題。

文化研究方面，知識界、學術界，則有「檳榔西施與社會問題」、「檳榔文化之探討」、「檳榔文化考證」等主軸的論文。1990 代初期，社會各界普遍對於檳榔有負面的印象，否定了檳榔在臺灣文化上的地位，持臺灣本土文化觀點的學者，對此現象提出反駁，而開始出現「庶民文化」對抗「知識權力」的辯證。

從檳榔相關研究的脈絡探詢，可察覺檳榔議題在近二十年間，正反雙方交手的情形，以學位論文與專書期刊兩類文獻分別敘述如下：

一、學位論文

檳榔的使用由來已久，但檳榔成為一個廣泛被注目的議題，則要到 1990 年代之後。在此之前，檳榔都不被視為學位論文的研究主題。

　　1980 年代末期，檳榔導致口腔癌的說法開始被提及，1989 年，出現了第一份有關檳榔與口腔癌關聯性的學位論文《檳榔萃取液對誘癌劑（DMBA）誘發倉鼠頰黏膜鱗狀上皮細胞癌之研究》，論文中，得到了「檳榔粹取成分和嗜嚼食檳榔習慣與口腔癌有密切關係，在癌化過程中，可能扮演促癌劑的角色。」〔註 12〕的結論。

　　往後，對於檳榔的研究，集中於「致癌」、「消費行為分析」之討論。隨後，1993 年，「檳榔與水土保持」的學位論文《檳榔根系分佈及根力之研究》出現〔註 13〕，此時，各論文主題，大都焦點於檳榔與危害的牽連：「嚼食檳榔習慣與口腔癌有密切關係」〔註 14〕；「教育程度及社經指數越低者，嚼食比例越高〔註 15〕」。此時的論文，皆試圖將檳榔和危害作連結，更有甚者，將「吃檳榔」的習慣，與「下層社會」、「教育程度較低」的觀點連結，檳榔議題，再也不是單純的健康問題。

　　唯 1992 年《區域不平等發展之研究：論屏東地區檳榔之資本積累性質與機制》〔註 16〕探討了檳榔與屏東農村發展的關係，以及「台灣發展過程中「檳榔」商品化的特殊性（尤其是生產、消費與意義的變遷過程及其關連性）」〔註 17〕，跳脫了檳榔的研究，只框限於「醫學」、「使用防治」、「水保」等範圍的現象，而觸及到檳榔與人文現象的討論。

　　2000 年，有關於檳榔西施，這個臺灣特有職業的學位論文出現〔註 18〕，接踵而來的「女性意識」、「價值觀」、「媒體再現」、「物化」等概念與檳榔西施的研究，開啓了檳榔研究的新領域。

　　2006 年，專門探討臺灣檳榔文化的學位論文《檳榔與清代台灣社會》

〔註 12〕 黃湧澧，〈檳榔萃取液對誘癌劑（DMBA）誘發倉鼠頰黏膜鱗狀上皮細胞癌之研究〉（高雄：高雄醫學院牙醫研究所碩士論文，1989 年）。

〔註 13〕 張敬昌，〈檳榔根系分佈及根力之研究〉（臺中：國立中興大學水土保持研究所碩士論文，1993 年）。

〔註 14〕 黃湧澧，〈檳榔萃取液對誘癌劑（DMBA）誘發倉鼠頰黏膜鱗狀上皮細胞癌之研究〉（高雄：高雄醫學院牙醫研究所碩士論文，1989 年）。

〔註 15〕 林美玲，〈嚼檳榔者之流行病學初探〉（臺北：國立台灣大學公共衛生研究所碩士論文，1989 年）。

〔註 16〕 林德福，《區域不平等發展之研究：論屏東地區檳榔之資本積累性質與機制》（臺北：國立臺灣大學建築與城鄉研究所碩士論文，1992 年）。

〔註 17〕 同前註。

〔註 18〕 蕭玉玲，〈檳榔西施的就業動機與價值觀取向之研究〉（臺中：靜宜大學青少年兒童福利學系碩士論文，2000 年）。

〔註19〕出版，研究者黃佐君指出：

> 現今社會中說到吃檳榔大家就一定會聯想到原住民及一連串的負面
> 印象，但是不可否認的檳榔卻是代表台灣本土的特色之一。然而社
> 會上嚼食檳榔的人口何其多，爲何大家特別帶著有色的眼光看待原
> 住民吃檳榔這件事？

爲文中，可見到作者對於平反檳榔的企圖，欲將檳榔研究，帶入探討檳榔本身，所具備的「文化意義」、「歷史傳統」，等內涵的研究範疇中。此篇論文的出現，象徵學院研究已意識到，檳榔是臺灣人自我認同的符號之一，檳榔普遍出現在臺灣人的生命經驗中，學位論文卻鮮少在過去探討檳榔與臺灣人認同的相關性。此時學院中的檳榔研究，已成了「醫學」、「公衛」、「水利」、「社會學」各領域的研究對象，並且脫離全然的負面化的討論，而有了較多元的看法。檳榔，也從公權力教導的陋俗，變成了部分學術觀點中的臺灣人文化象徵。

二、專書、期刊論文

近代，較早有系統介紹「檳榔文化」的論文，是尹章義發表於《歷史月刊》的〈臺灣檳榔史〉〔註20〕。尹教授系統的整理出：檳榔在中國古籍中的敘述、中國文人、地方官吏，對於臺灣人使用檳榔的記載、順著各時代對檳榔所作的紀錄，分析了檳榔從荷蘭時代、明、清、日領時期一路到近代，臺灣人使用檳榔的情形，並提出了，檳榔的流行於「富裕又動盪不安的社會」之論點。尹教授認爲「暨富裕而又動盪不安的社會，正是嗜好性消費品的大好市場，像檳榔這樣的嗜好品便益加大行其道。」，依此論點，提出了檳榔在臺灣有兩次較爲顯著的流行，一是在農業灌溉系統成型，農田產值大增，但各族群爭相搶地開墾，造成械鬥不斷的乾隆時代；一是在剛解除戒嚴，各種運動蓬勃，經濟又一路猛飛的 1990 年代。

尹教授之後，同樣在《歷史月刊》，中研院歷史語言研究所研究員林富士，發表了〈檳榔入華考〉〔註21〕，此文成因，是爲反駁行政院衛生署所述「明

〔註19〕黃佐君，〈檳榔與清代台灣社會〉（新竹：國立中央大學歷史研究所碩士論文，2006 年）。

〔註20〕尹章義，〈台灣檳榔史〉，《歷史月刊》35 期（1990 年 12 月）。

〔註21〕林富士，〈檳榔入華考〉，《歷史月刊》186 期（臺北：歷史智庫出版股份有限公司，2003 年 7 月）頁94～100。

朝漢人移民台灣，發現原住民嚼食檳榔塊，入境隨俗，因此檳榔塊也成爲當時入藥、社交、送禮的重要物品。」，林教授認爲，漢人食用檳榔甚早，無須向原住民「學習」如何食用檳榔，政府的說法，有意將檳榔問題的源頭，歸咎於原住民：

> 於是乎，製造「檳榔問題」的元凶瞬間浮現，原來，都是「原住民」惹的禍。這是眞的嗎？漢人嚼食檳榔眞的是受原住民影響才有的習俗嗎？我想，多數的歷史文獻和歷史學者都無法支持衛生署的「官方說法」。因爲，「漢人」和檳榔的第一次接觸，時間遠在明代之前，地點也不在台灣，而是在「中國」。〔註22〕

這篇論文也是當時學者中，少數直接挑戰「官方說法」的論著之一，但其宣稱「臺灣漢人食用檳榔習慣，並非向原住民學習的主張」，仍然具有爭議。當年行政院衛生署所述「漢人向原住民學習吃檳榔」的說法，可能來自於簡炯仁的〈檳榔考〉〔註23〕。

簡教授的〈檳榔考〉，是早期少數以臺灣觀點，主張檳榔是臺灣固有文化的論文。除了文獻考證外，簡教授並提供了自身田野調查的經驗，認爲，臺灣人與客家人，某些會用到檳榔的禮俗，與部分平埔族群的古老儀式類似，並且古中國人食用檳榔的方法，與後來臺灣漢人吃檳榔的方式大不相同，臺灣漢人吃檳榔的方式，較類似於平埔族，故臺灣漢人食用檳榔的習慣和方式，較有可能是受到平埔族的影響，而非其固有，簡教授指出「……一般臺灣的漢人來臺之前，已知道檳榔『可解瘴氣』……不過，他們的吃法倒不再像原鄉『俟成熟，取子而食』，而是學習平埔族人『切片和檳榔啖之』……」〔註24〕。除了吃法的不同，漢人也從平埔族人，學習到了檳榔的「文化」「……當時移民來臺的漢人，與平埔族人相處，也只好入境隨『番俗』，從平埔族人那裡學會了吃檳榔，以及其他與檳榔有關的習俗。」〔註25〕。此篇論文跳脫了以往檳榔研究，偏文獻考證，而輕田野經驗的缺失，並將現今台灣人吃檳榔的習俗，與平埔族做了深厚的連結，區隔了中國檳榔與台灣檳榔的相

〔註22〕同前註。

〔註23〕簡炯仁，〈檳榔考〉《臺灣時報》（高雄：臺灣時報社，1993年2月19日）收入於《臺灣開發與族群》（臺北：前衛出版社，1995年）頁434～440。

〔註24〕同前註。

〔註25〕簡炯仁，〈檳榔考〉《臺灣時報》（高雄：臺灣時報社，1993年2月19日）收入於《臺灣開發與族群》（臺北：前衛出版社，1995年）頁434～440。

異，論證了臺灣檳榔文化的特殊性。

王蜀桂 1999 年出版的《臺灣檳榔四季青》〔註26〕，則堪稱是檳榔文化研究裡，面向較廣而深入的著作。王蜀桂走訪了有關檳榔產業的各領域，釐清社會多年來對於檳榔文化的誤解，王蜀桂指出，本書出版的用意在於：

> 檳榔是臺灣的本土文化之一，然而卻因爲社會的誤解，與政府的錯
> 誤政策，使得檳榔業者長期飽受不平之冤……這是一本對檳榔產業
> 最公正、客觀的眞實報導性專書……〔註27〕

全書收錄了檳榔的生態、行銷與販售、族群與文化、政策與論點，以及人物誌共五個部分，此書的研究範疇，廣泛而深入，又透過田調，挖掘了許多以往從來沒有被發表過的檳榔事物。此書有另一層意義。臺灣的檳榔業，屬於被漠視的族群，政府雖然不禁絕，但採取冷處理的態度，檳榔知識缺乏完整的系統性資料。學院中，因田調的不足，或者田調範圍的單一性，造成檳榔文化的研究，缺乏整體的探討，往往只偏重於某個研究主題，或者某研究區域的檳榔研究，而無法將全島的檳榔文化作整體呈現，此書出版之後，終於有了集大成者，欲知曉各地的檳榔文化，皆可以此書爲查找的來源。

林崇熙於 2004 年所發表的〈檳榔、知識、與社會正義的辯證〉〔註28〕，從所謂「社會正義」的「生產機制」，來探討檳榔汙名化的脈絡。林教授於文中，援引了「文化霸權（cultural hegemony）」、「東方主義」、「後殖民」等理論觀點，解析公權力打壓檳榔文化的運作模式，林教授認爲「所謂的『社會正義』並非客觀道德標準，而是權力與知識相互滋生下所交織出來的政治論述〔註29〕」，文中指出，檳榔是各項社會問題的「代罪羔羊」。也針對檳榔農、檳榔使用者，作了豐富的田調，力求將檳榔族群的心聲，傳達給社會大眾。林教授提出「對抗性知識」的論點，他以爲，舉凡飲酒、性，都可能造成身體的危害，具備與檳榔同等的「邪惡性」，但這些與檳榔同屬「享樂卻又邪惡」的產品，雖有被限制，但不被完全禁絕，甚至被「以『安全的性』與『飲酒不過量』來對性與飲酒之『邪惡性』收編……〔註30〕」但檳榔不具

〔註26〕 王蜀桂，《臺灣檳榔四季青》（臺北：常民文化，1999 年）。
〔註27〕 同前註，封底。
〔註28〕 林崇熙，〈檳榔、知識、與社會正義的辯證〉，「台灣鄉村社會學年會暨空間不平等與社會包容學術研討會」論文（台灣鄉村社會學會主辦，2004 年 6 月）。
〔註29〕 同前註。
〔註30〕 同前註。

備上層階級賦予的品味化，故得不到「安全性」範圍的認定，這是相當不公平的。

　　檳榔攤經營技巧的專書，則有陳天祥的《中國檳榔史》〔註31〕，該書可能是「臺灣第一本有系統介紹檳榔，且專業指導檳榔攤販製可口檳榔的參考書。〔註32〕」，該書記載檳榔文化，檳榔攤的經營技巧、成本算法、種植方式、辨識檳榔的技術，檳榔的商標如何製作、檳榔販售人員的穿著建議等，巨細靡遺，可一窺檳榔攤經營的面貌。

　　綜觀先行研究：研究者或許會分析檳榔的符號意涵，但對於符號意涵的形成脈絡卻少有提及；檳榔在臺灣政治場域時常出現，甚至在某些選戰中成為重要的議題，多位政治領袖曾刻意在公開場合吃檳榔，這些現象在先行研究中也較為缺乏；臺灣的日本時代長達五十一年，但先行研究提及日本時代的檳榔情況，往往只以「日人視檳榔為惡習，嚴屬禁止」帶過，對於禁止的方式和原因，以及當時的檳榔文化樣貌，都探討的太過平面，無法清楚得知檳榔在當時的處境，以及日人對於檳榔態度的演變過程。

　　為探討檳榔文化在臺灣各場域的演變歷程和檳榔的符號意涵，荷蘭東印度公司文書、清朝的地方志、總督府的文獻及統計資料、國府的文獻及統計資料、歷代的雜誌及報紙，以及文學作品，都會成為本論文運用的文獻材料。

第三節　研究方法及論文架構

　　為使研究內容，更貼近社會實情，本論文將對檳榔產業的相關人士，進行田野調查，以從中理解政府的檳榔政策，對檳榔產業所造成的困難和影響，了解不同受訪者，對於研究主題，所具有的想法和經歷，會因受訪對象的不同，而出現不同的訪談題目，以及開放式的答案，與問卷統計調查比較起來，更具備了溫度和特殊性，研究成果，將不會是一組任人解釋的冰冷數字。同時也期待在田調訪問的過程中，能夠印證先行研究的觀點，以及發掘先行研究所沒有討論到的觀點，並從受訪者的言談中，獲取更多筆者所沒有思考到的面向和觀點。

　　筆者的田調基地主要於臺東，臺東具有蓬勃的檳榔產業，荖葉的產值全

〔註31〕陳天祥《中國檳榔史》（南投：中檳圖書公司，1990年）。
〔註32〕王蜀桂，《臺灣檳榔四季青》（臺北：常民文化，1999年），頁242。

國居冠，並超越居次的彰化甚多，〔註33〕檳榔產業在該處淵源頗深，外加筆者與該處有地緣關係，較易接觸到檳榔產業的相關人士。田調對象以20歲～30歲的世代為主，相當於家族從事檳榔產業後的第二或第三代，他們的長輩以從事檳榔產業所得，作為子女的教育經費來源，但卻又在教育體制接受過官方定調清楚的反檳榔宣導，可謂衝突，讓筆者特別想關注該族群在成長歷程中，對檳榔認知的變化和感受。

以往對檳榔之所以為臺灣特有文化的論證方式，大都以中國古籍、日本時代學者之研究成果論證之，重覆性頗高，筆者將注重記載常民生活面貌的報紙，以及文人作品，以呈現過去檳榔在社會中的實況和知識分子階層對於檳榔的觀感。

筆者欲將地理學的空間概念，融入檳榔研究中，將檳榔所發生在土地上的地理現象，提出探討，讓檳榔與臺灣文化的連結可以更加緊實。檳榔文化在臺灣由來已久，在各時代演化出不同的特殊性，筆者欲將檳榔所承載的符號意義（符旨），與現代觀點作結合，論證檳榔不論是在古代或者現代，都是臺灣所特有的文化，並沒有隨時代而衰退，對於符旨的探索，可深究反檳榔運動底下，受到衝擊的族群為何？藉此釐清反檳榔運動的深層目的。

本文也將補足、更新前行研究不足之處，探討前行研究未討論到的現象，例如：檳榔攤已演變成一種具備多種功能和象徵的場所，並非單純的販賣場所，此前探討檳榔文化的論文，較少顧及檳榔攤豐富的多功性，故將特別提出討論。以往的檳榔政策研究，缺乏系統性的歸納，筆者意圖透過此篇論文，將政府的檳榔政策，作一次較為完善的統整，使之有更清楚的輪廓，呈現檳榔政策的演變脈絡。

日本時代的檳榔政策將是筆者特別詳細討論的區塊，先行研究者，在探討日本時代的臺灣檳榔面貌時，往往簡略帶過，對於日本時代的檳榔政策演變，實際作為缺乏描述，筆者期待能以本論文，作更詳細的討論。

檳榔研究的範圍甚廣，可包含在「醫療」、「公衛」、「水土保持」、「林業政策」、「社會學」等研究領域之下，本文之研究範圍，主要探討官方政策對於檳榔文化的衝擊、歧視要素；檳榔和臺灣人自我認同的關聯。所謂「檳榔」，

〔註33〕根據行政院農業委員會網站，綜合統計，農產品生產量總值統計資料（特種作物）所示，2012年的全國荖葉產值為18億3300萬元，臺東就佔了15億元，同期彰化縣則僅有1億7500萬元。

可視為總體性的稱號，意指整個檳榔文化、檳榔產業，而不視作單純的檳榔果本身，檳榔產業包含甚廣，舉凡檳榔、荖葉、荖花、荖藤的種植、運輸、批發、販賣、食用等，皆屬其中。

生活中的某些事物，並非中性的存在，在事物形象底下，還具備人們賦予的意涵，使該事物成為「符碼（符號）」，見到某物時，會在心中出現與事物有關的想像。能夠連結到文化、族群的符碼，即為文化符碼。舉例來說，可口可樂單純看來是種飲料，但也同時是美國或者資本主義的象徵，故某些共產國家沒有可口可樂，以表示該地拒絕「美帝勢力」入侵的決心〔註34〕。檳榔在臺灣，也並非單純的嗜好物，在我們見到檳榔時，也許會聯想到臺灣，或者下意識的認為，這是給勞動階層在吃的，等等諸多文化上的聯想，這些刻版印象的建構，使檳榔成為文化符碼。

本論文，依照筆者的研究目的和論證次序，共分成以下六章：

第一章為〈緒論〉，主旨在表明研究動機，以及對前行研究做出分析統整。以得知學術界對於檳榔研究不足之處。

第二章為〈臺灣的檳榔文化〉，探討臺灣檳榔文化的是否有別世界其他地方？檳榔對臺灣人的生命經驗有何特別意義？以理解檳榔對於臺灣文化的特殊性。

第三章為〈臺灣的檳榔產業與檳榔族群的人口結構〉，探討產業的概況，食用人口的消長，食用人口的結構，檳榔人口的階級性、檳榔人口的族群性，以得知檳榔產業的面貌。

第四章為〈官方檳榔政策與社會輿論〉，本章將介紹歷代政府對於臺灣檳榔的政策，社會輿論對於檳榔的觀感。政策的底下、輿論的背後，是否帶有歧視性？其操作手段為何？在政治場域，作為符號的檳榔，如何的被運用？

第五章為〈檳榔與臺灣人的自我認同〉，此章節要探討檳榔與臺灣人的自我認同是否有關連性，其脈絡為何？以及檳榔文化的再生。

第六章為結論。

〔註34〕〈時隔60多年，可口可樂重返緬甸投資〉，《今日新聞》，2013年6月5日。（來源：http://www.nownews.com/n/2013/06/05/256895）

第二章　臺灣的檳榔文化

　　在臺灣，檳榔除了是嗜好性商品，還有怎樣的內涵？臺灣不是世界上唯一有吃檳榔風俗的國家，何以檳榔成為臺灣的特色？本章節要討論的，是檳榔在臺灣的面貌，以及檳榔在臺灣的文化意義，從而推論檳榔在臺灣所衍生出的特殊性。

第一節　檳榔的知識

　　在臺灣，「檳榔」一詞可能指涉「檳榔樹」（*Areca catechu*）、「檳榔子」（betel nut），以及「檳榔塊」（betel quid）。檳榔樹與檳榔子在臺語中又分別被稱為「菁仔欉」以及「菁仔」。

　　檳榔塊是以檳榔子加工後，供人嚼食的產品，由檳榔子、荖葉（betel leaf of Piper Linn）、石灰（slaked lime）、荖藤（Piper betle linn）或者荖花（unriped fruit of Piper Linn）以及香料所組成。

一、檳榔的生態

　　檳榔文化在臺灣被發展出來，乃檳榔是長年被島上各族群所需求並且常見的作物，有了基本需求，在各族群的生活中長期演化之後，被賦予不同的文化功能，這些文化功能和形式，在世界上其他地方不普及，但在臺灣普及，進而成為臺灣文化的符號之一。

　　要探討檳榔為何被臺灣人所需求？以及檳榔所引發的各項議題，就要先從檳榔的生長環境，與臺灣的「地形」、「氣候」，這層地理關係來了解，以地

理空間概念，來分析檳榔文化在臺灣的自然演進。

（一）地理分佈與傳播

檳榔在臺灣的地理分布，因海拔高度與溫度的關係「海拔高度與氣溫會影響檳榔產期與產量，究其原因為海拔高、溫度低，至（按：應為「致」）檳榔生長緩慢。」〔註1〕，栽種範圍侷限在中低海拔，越往北邊，可種植檳榔的海拔高度會越低，因而臺灣中南部，成為檳榔最主要的產區，又以全年氣溫較高的南部甚之，產季因產區而異，接續起來，幾乎全年皆可採收，例如，北臺南、嘉義一帶的產季約莫從八月份開始，古代的文書資料：「猱採，諸邑麻豆、霄壠、目加溜灣等社熟番至七八月猱採，名曰採摘」〔註2〕這與現代的農業統計「嘉義縣產季為8月至翌年3月底，盛產期為10月迄翌年1月」〔註3〕大致相符。而屏東地區「產季為5月迄翌年1月，主要分布於內埔鄉、萬巒鄉、竹田鄉、高樹鄉與長治鄉。」〔註4〕，南投則是在「11月至翌年6月，盛產期為1月迄3月，主要產區為國姓鄉、中寮鄉、集集鎮、魚池鄉與草屯鎮。」，盛產時期就是檳榔農所謂的「檳榔期」，分析數據，三大產區都不在檳榔期的四月，檳榔最貴，早年的「泰國菁仔」，也就在這個時期開放進口。檳榔不適高海拔的特性，也讓其種植範圍與大多數人口的活動範圍重疊，更加深了臺灣滿佈檳榔的印象，成為臺灣的風景之一。

其性喜高溫與低海拔的特性，也影響到檳榔的產區版圖：

> 南投縣在1990～2000年代中期雖然種植面積最為廣闊，但檳榔屬於長年作物，必需栽植8～10年才有生產量，因此種植面積的增加並無法立即反映在產量上，又南投縣檳榔栽植的海拔高度較嘉義縣、屏東縣高者為多，受冬季霜降以及受颱風與豪雨侵襲的機會略高，因此其高海拔檳榔林的落果現象也較屏東縣、嘉義縣明顯〔註5〕

造就了在高速公路上一開到屏東，望眼望去滿是檳榔園的壯闊景象。

〔註1〕 林業試驗所，「檳榔主題館」。（來源：http://kmweb.coa.gov.tw/subject/ct.asp?xItem=120962&ctNode=3642&mp=262&kpi=0）
〔註2〕 六十七，《番社采風圖考》（臺北：臺灣銀行經濟研究室，1961年）頁57。
〔註3〕 涂函君、蘇淑娟，〈台灣沿山地區檳榔業的生產空間與社會：以嘉義縣中埔鄉為例〉，《地理研究》第52期（2010年5月）。
〔註4〕 同前註。
〔註5〕 同前註。

　　檳榔雖爲本土文化的符號之一，但並非臺灣特有植物，「檳榔爲一種原產於馬來西亞的棕櫚科植物〔註6〕」與大部分的棕櫚科植物一樣，屬熱帶或亞熱帶植物，性喜高溫、潮濕、多雨、終年無霜的環境，故在符合這些地理條件的印度、泰國、中國等，南亞、東南亞各地，都可見檳榔的蹤跡。

　　檳榔從原生地向外傳播的路徑至今沒有明確的結論，而檳榔傳入臺灣的時間，也難以確切，以下提出幾種說法：

1、荷蘭人傳入

　　部分說法指出：「檳榔由荷蘭人傳入」。此說法廣爲流傳在許多有關於探討檳榔源起的文章中，但此說法缺乏考古或者文獻證據，反倒是荷蘭時期（1624 年，荷蘭時代初期）的《巴達維亞城日記》曾經記載，在蕭壟社（今臺南市佳里區）「多產有檳榔子、香蕉、檸檬……及其他美之鮮果」〔註7〕，荷蘭統治初期，就已經見到平埔族人的活動區域「多產有檳榔子」，對於屬於長年作物，即便在農業科技較進步的現代，仍須種植八到十年方可採收果實的檳榔〔註8〕而言，「檳榔由荷蘭人傳入」的說法，與古籍記載相違背。

　　荷蘭時代，島民取得檳榔的途徑，很可能已經跳脫野外採集，發展出種植檳榔的技術，將檳榔馴化爲農作物，使檳榔成爲人工栽種的植物，推斷在當時，臺人早已習用檳榔。根據曾華璧的研究指出：

> 綜合各項文獻記載，在荷蘭人入據大員之前，臺灣原住民栽種的物種包含了稻米、粟等糧食作物，以及蔥、薑、芋、椰子、毛柿、佛手柑、甘蔗、檳榔、棕櫚、香蕉、橙、檸檬、藤瓜等蔬果作物，並畜養貓、狗、豬、雞等家畜。〔註9〕

　　不僅檳榔，配合檳榔使用的「荖葉」，也在《巴達維亞城日記》中被記載「……該地〔按：大員蕭壟〕多產有 siri〔按：荖葉〕、檳榔子、香蕉、檸檬、橘子、西瓜、匏瓜、甘蔗，及其他美味之鮮果……」〔註10〕，荖葉的利

〔註6〕鄭漢文、王相華、鄭惠芬、賴紅炎，《排灣族民族植物》（臺北：行政院農業委員會林業試驗所，2005 年）頁 286。

〔註7〕村上直次郎，郭輝、程大學譯，《巴達維亞城日記》（第一冊）（臺中：臺灣省文獻委員會，1989 年）頁 33。

〔註8〕涂函君、蘇淑娟，〈台灣沿山地區檳榔業的生產空間與社會：以嘉義縣中埔鄉爲例〉，《地理研究》第 52 期（2010 年 5 月）。

〔註9〕曾華璧，〈釋析十七世紀荷蘭據臺時期的環境探索與自然資源利用〉，《臺灣史研究》18：1（臺北：中央研究院臺灣史研究所，2011 年）頁 28。

〔註10〕1624.02 條目，參見《巴達維亞城日記》（第一冊）頁 33。

用，與檳榔密不可分，居民顯然是為了食用檳榔而種植荖葉，此時的檳榔農業領域，已發展出具各項農產品互為關連性的產業結構。

分析荷蘭東印度公司，在臺灣時期的文件資料《東印度事務報告——有關福爾摩沙部分譯註》1636 年十二月二十八日的條目寫道「並帶來一些檳榔和椰子樹種植，願將他們的土地和收穫獻給荷蘭人」〔註11〕，可見檳榔非但不是由荷蘭人帶來，反而還是平埔族人獻給荷蘭人的信物，所代表的意義，可能是檳榔象徵了「領地」、「家園」，獻給荷蘭人以表示歸順，以上推測，雖無法得知真確的意義，但可肯定，荷蘭人來臺之前，檳榔早為平埔族生活的一部分，並詮釋出在純粹食用功能性以外的文化意義。

以上的資料，可以判斷：何蘭時代的居民已知道如何人工栽種檳榔；至少在荷蘭時代，檳榔已發展出食用功能以外的的文化意義。「檳榔由荷蘭人傳入」的說法，雖然廣泛流傳於許多資料中，但這應該是以訛傳訛的資訊，可信度低。

2、南島民族傳入

檳榔來臺的時間點，還有更早的說法，根據考古資料的推測，或許在新石器時代（約 3960B.P）的臺灣住民，就有嚼食檳榔的習慣，假若此說法為真，更讓檳榔存在於臺灣的年代，往前推了數千年，遠超越東印度公司來到臺灣的年代。

日本時代的考古學者，宮本延人，在探討墾丁寮遺跡時曾斷定「從墾丁寮遺跡中發現為數龐大的人骨……大橋平次郎在對其牙齒的研究中發現，這些牙齒顯示他們有嚼檳榔的習慣。」〔註12〕。

戰後臺灣的考古學者，在對於北部十三行遺址（1800BP～5000BP）的考古研究也推測：

> 十三行遺址居民除了正常的飲食行為之外，可能有嚼食檳榔或煙草之類物質的習慣，致其左右兩側牙齒（尤其是臼齒）的耗損率不同；且此行為更使得牙齒常被染上一些色澤，耗損率高的一側其染上顏色之頻率亦高，而此二項特徵之一致性則顯示其可能較慣於以左側

〔註11〕此條目的中文翻譯版本，採用程紹剛，《荷蘭人在福爾摩莎》（臺北：聯經出版事業公司，2000 年）頁 174。

〔註12〕宮本延人著，魏桂邦譯，《台灣的原住民族》（臺中：晨星出版社，1992 年）頁 33。

咀嚼。」〔註13〕

　　假若最早遷徙來臺的南島民族，在原生地已具備馴化檳榔的技術，又有使用檳榔的需求，可能會在遷徙來臺時，將檳榔連同種植技術一同攜入臺灣，進而在臺灣傳播開來，以檳榔研究南島民族遷徙的人類學者胡正恆指出：

　　……人作為文化動物，常會在遷徙過程開始馴化、攜帶、甚至傳播
　　諸多難以忘懷的社會性「嗜好物」，此類人擇作物顯然具有非常重要
　　的社會文化意涵。我最近的人擇作物演化研究中顯示，南島語族在
　　長程遷移中依然多帶有自己所熟悉的工具技術、動植物「嗜好物」
　　以改造移民地景。〔註14〕

　　根據此假設，南島語族很可能為檳榔傳播的載具，而最原始的南島語族在向世界其他地方遷徙時，本身就已有使用檳榔的情形。

　　李壬癸對於古南島語族的語言擬測（reconstruction），認為尚未分支前的南島民族語彙「Buaq」，指涉的可能就是檳榔，「食用的包括『果實』或指『檳榔』一詞。」〔註15〕，推斷當時的民族或許就懂得食用檳榔，在分支後將檳榔傳入其他地區。

　　但此論述的限制在於，臺灣是南島語族的「遷入地」或是「發源地」？南島民族的遷徙路徑說法分歧，臺灣檳榔與其它南島民族所在地的檳榔基因研究，尚未有時間次序上的確切結論，且南島語族的遷徙路徑的說法分歧，根據目前民族、人類學界，對於南島民族遷徙路徑的五種說法〔註16〕，臺灣可能為南島民族的發源地，也有可能是遷徙的目的地或者中繼站，只能推測檳榔的遷徙與南島民族有關，但無法論斷臺灣的檳榔是由南島民族帶入的。

〔註13〕張菁芳，〈十三行遺址出土人骨之形態學與病理學分析及其比較研究〉（臺北：國立臺灣大學考古人類研究所碩士論文，1993年）。

〔註14〕胡正恆，〈親緣地理與生物考古：生物多樣性中的社會考古學〉（花蓮：慈濟大學人類發展研究所，200 8）。（來源：http://www.beha.tcu.edu.tw/migration/BNK.htm#檳榔與卡瓦 20131223）

〔註15〕李壬癸，《台灣南島民族的族群與遷徙》（臺北：前衛出版社，2011年）頁120。

〔註16〕即 1. Express Train to Polynesia（ETP）快車說或出台灣說 2. Bismarck Archipelago Indigenous Inhabitats（BAII）俾斯麥群島起源說或本土說 3. Slow Boat to the Bismarck（SSB）慢船說或出印尼說 4. Voyaging Corridor（VC）航海廊道說 5. Triple-I（TI）三源論，共五種。

3、黑潮傳入

檳榔也許不是隨著移民被刻意帶入的，而是由黑潮自然散播來臺。檳榔屬於棕櫚科，可在近海區域繁衍，果實可長期漂浮於海水，觸及陸地後，發根生長。分析考古資料的區域、年代與檳榔的使用關係，有從東向西南，進而北移的脈絡〔註 17〕。黑潮的流動，源自有檳榔生長的菲律賓北方，流經臺灣東部，向北前往日本，綜觀上述條件，數千年前，菲律賓沿海的檳榔落果，順著黑潮，在臺灣東部著陸，自然生長，被當地居民發現使用，再往北傳播至臺灣全島，進而有栽種行為。檳榔的散播，也許是黑潮流動造成的結果，此說法符合檳榔由東向南，既而進入臺灣北部的考古學推測。

此說法的限制在於，與檳榔型態相近的椰子，在古南島民族的詞彙，與臺灣南島語族不同，但檳榔在古南島語族詞彙，卻能夠找到與臺灣南島民族相同的同源詞，「臺灣的香蕉、椰子、木麻黃、薑等，和其他地區並非同源詞，這幾種植物在臺灣多為人工栽種，可能是後來引進的。」〔註 18〕，若檳榔是靠著黑潮自然的傳播到臺灣，那與檳榔生長型態近似的椰子，理應也會有近似的傳播路徑，但跡象卻顯示，檳榔與椰子似乎不是同時進入臺灣的，這兩種植物，似乎是在不同時期，經由人為選擇帶入臺灣的。

檳榔的傳播脈絡沒有確切的結論，但可以推斷：三千年前的臺灣居民就有食用檳榔的習慣；至少荷蘭時代前，檳榔就已是馴化的作物。

（二）外型與成分

檳榔的型態特徵，影響了檳榔在食用以外所具備的功能性，將檳榔從純粹食用的植物，轉變成被臺灣人賦予特殊意義的事物。檳榔的型態特徵，也決定了檳榔在現代社會，被認定是某些危害的元兇。我們以探討檳榔的外觀、物性等顯而易見的、型態上的要素，來知悉檳榔對於臺灣人而言的深層意義，以及檳榔在現代社會成為「禍害」的主要原因。

農業界、植物界對於檳榔型態的研究，幾乎都會強調檳榔的兩個特色：檳榔高聳不分枝，具有直挺的型像，「單層樹冠之覆蓋率僅五八至七五％間，

〔註 17〕曾玉娟，《生命力與靈力的媒介物：以 KaTaTiPuL 卑南人檳榔文化為例》（臺東：國立臺東大學南島文化研究所碩士論文，2009 年）頁 34「因此，嚼食檳榔的分佈範圍，有可能是從台灣中南部，向上延申（按：應為伸）至北台灣一帶」。

〔註 18〕李壬癸，《台灣南島民族的族群與遷徙》（臺北：前衛出版社，2011 年）頁 120。

樹冠高且淨空大」〔註19〕根系短淺，「檳榔屬淺性輻射根，無明顯主根，根系範圍小」〔註20〕。檳榔因型態而造就的宿命，大多與這兩點有關連。

除了現代植物學，對於檳榔型態有科學化的描繪外，古代文人對於檳榔的型態，也有豐富的紀錄，我們以此得知清代中國人眼中的檳榔樣貌。雖然中國部分地區，也有檳榔風俗，清朝的貴族也並非完全沒有接觸過檳榔，但對於大部分的清朝人而言，檳榔還是具有異文化性質的產物，來臺見到檳榔文化，不免將其視之為「奇聞」，在圖像傳播有困難的當時，要將此等新奇事物生動的描繪出來，借用故鄉印象中，較為熟悉的的椰、竹等物出來比喻，會讓讀者更加貼切的想像檳榔的樣貌，除了椰子、竹子外，鳳羽、星星、雞卵、橄欖、梨子、酒，甚至青銅，都成了指涉檳榔型態的類比物，這些文字記載，相較於現代的植物學所用的科學化描述，有更生動的敘述，描繪出清代文人所認知的檳榔外貌。文人也將他們所觀察到的，臺人使用檳榔的情形，記載於這些古書資料中。

《東瀛識略》對於檳榔花有較多的描寫，對於檳榔的口感，作者有正面的評價：

> 凡種檳榔，不與椰樹間栽，則花而不實。葉皆上豎，猶如鳳羽。葉脫一片，內現一包。包綻花開，色白微黃，朵朵連珠，香芬襲人。實附花下，一穗數百粒，初類羊棗，瑩碧如橄欖，臺人名為檳榔索，男婦鹹嗜之。細嚼，麻縷相屬，即大腹皮；剖其中，含水少許，甚甘。逮成粒，即雞心檳榔；既熟，則大如雞卵，緇而紫黑矣。〔註21〕

〈番社采風圖〉對於檳榔的記載，很詳實的描繪了檳榔的外貌、口感、氣味，以及紀錄採集檳榔的行為：

> 檳榔高數丈，花細；實如青果，在葉下幹上，攢簇星布．椰樹幹、葉亦如之，但其實大如瓜，中有瓤味香，白如雪、脆如梨；其液如酒．切實，和檳榔啖之．六、七月熟，可採；番人跳而上，扳援矯捷，名曰「猱採」〔註22〕

〔註19〕林勇信，〈保育水土資源　農委會擬訂超限利用檳榔輔導計畫〉，《高雄區農業專訊》25 期（1998 年 10 月）。

〔註20〕同前註。

〔註21〕丁紹儀，《東瀛識略》（臺北：臺灣銀行經濟研究室編，1957 年）頁 57。

〔註22〕六十七，《番社采風圖考》，（台北市：台灣銀行，1961 年）。

圖1 〈猱採〉本圖

描寫麻豆、蕭壠、目加溜灣等社八月採椰子和檳榔的情形。
資料來源：杜正勝編撰，《景印解說番社采風圖》（臺北：中央研究院歷史語言
研究所，1998年）第三圖

《臺灣志略》中也記載：

檳榔樹直無枝，高一、二丈；皮類青銅、節似筠竹，葉皆上豎猶如
鳳羽．臨風猗旎，甚可人目．葉脫一片，內現一包；數日包綻，即
開花二、三枝，淡黃白色，朵朵連珠，香芬襲人．實附花下，形圓
而光，宛若棗形．自孟秋以至孟夏，發生不絕，與椰肉、香藤、蔞
根夾灰同啖；惟六、七月始無，臺人以薰乾者繼之〔註23〕

　　檳榔是一種外型突出的植物，沒見過的人可能會誤認為縮小版的椰子，
不只枝葉如椰，其果實也幾分神似，但相較起來，檳榔樹的挺拔，外加明顯
的分節，更相形竹子。

　　檳榔果口感清脆，富含纖維和水分，無法吞食但耐嚼食，其汁液有種特
殊的香氣，在阿美族人的觀念裡面「菁仔裡面有汁，其味道很甜，很像媽媽
的奶水所以菁仔就像媽媽。」〔註24〕，具有母親的形象。

　　檳榔樹給人的最強烈印象就是挺立了，魯凱族人以「檳榔樹的亭亭玉
立，形容端莊的淑女」〔註25〕，棕櫚科的檳榔具備椰子的形像，有「單幹直
立、不分枝」的外型「大型的葉子成叢的生長於枝幹的頂部，枝幹通常不分
枝而呈現單一通直的樣子，由地面的基部到長葉的頂端，上上下下幾乎都是
同樣的粗細。」〔註26〕。郁永河也對於「獨幹凌霄不作枝，垂垂青子任紛披」
〔註27〕的檳榔樹有深刻的印象

　　在臺灣，不論種植所在，作物園的四周，幾乎都會有檳榔樹的身影，這
就是，《諸羅縣志》裡所描述的「舍前後左右多植檳榔，新港、蕭壠、麻豆、
目加溜灣四社為最」〔註28〕。檳榔也常與椰子樹合種於臺灣人房舍的周遭，
「凡種檳榔，不與椰樹間栽，則花而不實」〔註29〕，在《番社采風圖》〈猱
採〉〔註30〕圖中，攀爬房舍前檳榔樹採集檳榔的平埔族人右方，也有一顆正

〔註23〕此段文字，各文獻資料上都宣稱這是「李元春，《臺灣志略》（臺北市：臺灣
　　　　銀行經濟研究室，1958年）」上所記載的，但遍查《臺灣志略》，並沒有如此
　　　　內容，故此段轉引自「余文儀，《續修臺灣府志》（臺北市：臺灣銀行，1962
　　　　年）頁610」。
〔註24〕王蜀桂，《臺灣檳榔四季青》（臺北：常民文化，1999年）頁188。
〔註25〕同前註，頁183。
〔註26〕楊國禎，〈台灣常見的棕櫚科（Arecaceae）植物簡介〉。收錄於《塔山文集》（塔
　　　　山自然實驗室2013年10月29日取自 http://tnl.twbbs.org/article/taxa/palm/palm.htm
〔註27〕郁永河，《裨海紀遊》（臺北市：臺灣銀行經濟研究室，1956年）頁15。
〔註28〕周鍾瑄，《諸羅縣志》（臺北：臺灣銀行，1962年）頁165。
〔註29〕丁紹儀，《東瀛識略》（臺北：臺灣銀行經濟研究室編，1957年）頁57。
〔註30〕杜正勝編撰，《景印解說番社采風圖》（臺北：中央研究院歷史語言研究所，

被另位族人採集的椰子樹，與《東瀛識略》〔註31〕的記載相呼應，但原因是否爲《東瀛識略》所言，是爲了讓檳榔的生長更好呢？也許除了這層面的功能性外，還有其他特別的意義：「檳榔和椰子雖然是臺灣南部習見的植物，但據荷蘭《東印度事務報告》，1653（按：1635）年麻豆社平埔族歸順，簽訂合（按：和）約，麻豆人『並帶來一些檳榔和椰子樹種植，以示誠心，願將他們的土地和收穫獻給荷蘭人。』檳榔和椰子對平埔族而言可能還有更深的意義。」〔註32〕檳榔枝葉的覆蓋面積低，又位於高聳的枝幹頂端，對下方植物的陽光遮蔽較小，其根系淺窄，即便種植於其他低矮農作物旁，也不太會影響其他農作物的生長，可在有限的耕地中，發揮農地最大的空間價值，配合「單幹直立、不分枝」的特徵，整排檳榔樹望去，簡潔劃一，清楚瞭然，加上棕櫚科的檳榔本來就適合生長在中低海拔，以上條件，使得檳榔相當適合成爲農田間的地界，而椰子樹在現今則不見得會與檳榔樹同時種植，是原本椰子樹對於「家園財產」所代表的意義已經完全被檳榔取代？或者就功能性而言，檳榔比椰子更適合廣植於家舍的四周？目前沒有更確定的研究資料。臺灣開發史學者，簡炯仁，曾經提出「臺灣人的『兜』，也就是取意於『舍前後左右多植檳榔（或刺竹）』圍繞的景觀」〔註33〕的說法，諸羅知縣周芬斗〈麻豆社〉詩云：「家家小圃林陰護，一畝檳榔一草堂」〔註34〕，即是臺灣人家園的寫照。檳榔並非純粹是被大規模種植的經濟作物，對臺灣人而言，檳榔，是「家」的一部分。

樹型挺拔玉立的特徵；果實宛如母乳的氣味，讓檳榔從單純的地界、農作植物，演變爲「家」、「母體」的符徵，進而再從「家」、「母體」的符旨，衍伸出「主權的信物」、「愛情信物」、「社交禮數」、「宗教科儀祭祀物」等意

1998 年 3 月）第三圖。

〔註31〕丁紹儀，《東瀛識略》（臺北：臺灣銀行經濟研究室編，1957 年）頁 57。

〔註32〕杜正勝撰，《番社采風圖題解——以臺灣歷史初期平埔族之社會文化爲中心》（臺北：中央研究院歷史語言研究所，1998 年 3 月）頁 10。

〔註33〕簡炯仁，〈檳榔考〉《臺灣時報》（高雄：臺灣時報社，1993 年 2 月 19 日）收入於《臺灣開發與族群》（臺北：前衛出版社，1995 年）頁 434～440。簡炯仁在原文中，並無解釋爲什麼「兜」的由來與檳榔有關，推測，「兜」的原意有「在某物左右或下方」之意，「臺灣人的家，是在檳榔樹下（檳榔兜）被檳榔圍繞（檳榔兜）的房子」可能是此說法的由來。

〔註34〕此處轉引自《番社采風圖題解——以臺灣歷史初期平埔族之社會文化爲中心》頁 10。

涵，由臺灣人不斷賦予的文化意義，讓檳榔成為臺灣人的符號之一。

圖 2 都市中的檳榔園

即便在平地，已經都市化的現代的住宅旁，也還可見成群檳榔圍繞的景像。
資料來源：大里德芳南路，2013 年 12 月 29 日筆者攝

　　檳榔較被熟知的成分為黃樟素（存在於荖花）和檳榔鹼。檳榔的味道來自黃樟素，其同時也為沙士糖的添加物，致使有人會認為，檳榔的味道和沙士糖相似。檳榔鹼（Arecoline）是一系列檳榔所含「植物鹼」中，影響人體最主要的物質，此物質也是某些藥品的成分之一「臨床上有 Arecoline 之製劑作為動物用條蟲、蛔蟲的驅蟲藥。在眼科以 Arecoline HBr 1%溶液作為瞳孔收縮劑及降眼壓劑用於治療青光眼。」〔註 35〕一般認知中，所謂檳榔之功效：提神、驅寒等，大都是因為檳榔鹼的作用所致，檳榔鹼對於交感神經、副交感神經、中樞神經皆有影響，對於交感神經具有興奮作用，中樞神經則有抑制作用，另在連續食用數顆後，會促進副交感神經系統機能，因而會增加心跳、提高警覺、發汗（促進交感神經後的反應）、瞳孔縮放（促進交感及副交感各有的反應）、腸胃蠕動（促進副交感神經後的反應）、唾液增加（促進交感以及副交感神經之後的反應）放鬆、心神平靜、血壓降低（中樞神經抑制之 GABA 作用），以上作用〔註 36〕，使得疲勞時可以吃檳榔提神；天寒

〔註 35〕蕭捷元，〈探討檳榔鹼與穀胱甘肽之間的交互作用〉（臺南：嘉南藥理科技大學生物科技系暨研究所碩士論文，2007 年）頁 2。
〔註 36〕檳榔的對於人體的作用，參考毒藥物諮詢中心，〈檳榔的急毒性〉，《毒藥物季

時可以吃檳榔驅寒；緊張時可以吃檳榔放鬆；口乾舌燥時，能夠吃檳榔生津止渴，肚內有蛔蟲時，還能夠吃檳榔來排除，筆者在臺東進行田野調查時，有受訪者，曾經以檳榔汁替代驅蟲藥，田調受訪者，家族三代種植荖葉，目前居住在臺東的蕭先生指出：

> ……你（指筆者）可能沒遇過，小時候那種一整罐的驅蟲藥，喝下去打蛔蟲的，我還有遇過，你可能不知道，檳榔也可以，小時候長輩會叫我們喝檳榔汁，喝完之後，會開始拉肚子，蟲子就跑出來了。〔註37〕

檳榔的功效涵蓋百姓多項所需：司機、工地這些工作粗重，又須保持精神專注，以及天冷還在室外工作的勞動者需要檳榔；為使客人自在，交談熱絡，需要在社交中佐以檳榔；祭儀中，以是否達到如同嚼食檳榔到頭暈的狀態，來判斷靈媒是否已經神靈附體「當靈媒的動作舉止宛如喝醉酒及吃檳榔頭暈般的恍惚狀態就表示神靈已經到達人間與我們一起了。」〔註38〕；常民百姓的腹疾、燥熱、發炎，需要檳榔治療。檳榔因其效用，深入許多行業，扮演各種角色，成為臺灣文化中的一部分。

「倒吊子」的成份，則是目前還未被解開的課題。

臺灣話所稱的「倒吊仔」又名「醉菁」、「番仔菁」或者「檳榔王」，倒吊子是指生長方向與同株其他檳榔相反者，吃下之後會讓人體機能受到重大影響，彷彿嚴重的酒醉，又屏東地區傳說，牡丹鄉、滿州鄉（原住民族的活動領域），所種植的檳榔，出現「倒吊仔」的機會特別高，因而在當地被稱為「番仔菁」〔註39〕。

臺灣民間傳說食用「倒吊仔」會出現比食用一般檳榔強大的反應，甚至會致命，因而讓「倒吊仔」蒙上神秘的面紗。倒吊子在採收下來後，樣貌與一般檳榔無異，恐讓人誤食。即便在夏天也不太流汗的筆者曾經於吃檳榔後，在秋天不特別炎熱的天氣，額頭產生明顯的汗珠，背部濕透，全身悶熱、頭

刊》35 期、沈馨仙、張思平、鍾佳玲、林依蓉、楊榮季，〈常見有毒中草藥〉，《藥學雜誌》26 卷 4 期、江旺財，〈檳榔的毒性作用〉（來源：http://www.pcc.vghtpe.gov.tw/old/docms/50104.htm20131229）等，整理如示。

〔註37〕蕭先生，家族在臺東從事荖葉種植已三代，受訪時年紀 30 歲。2013 年 11 月 25 日於臺東訪談。

〔註38〕潘君瑜，〈屏東縣牡丹鄉排灣族祭祀經文語言結構及文化意涵之研究〉（高雄：高雄師範大學台灣文化及語言研究所碩士論文，2009 年）。

〔註39〕參考自王蜀桂，《臺灣檳榔四季青》（臺北：常民文化，1999 年）頁 32。

量、呼吸困難、精神飄渺，相當難受，理應就是誤食了「倒吊仔」。引人注目的神祕性，加上醫學界對此也相當好奇，屢屢被拿來作爲研究標的，因此，疑似食用倒吊子而送醫甚至死亡的案例，常常會被通報給記者，發佈到新聞媒體特別報導，也讓誤食倒吊子的新聞成爲臺灣特有的新聞題材。

　　但一般沒有注意到的，是「倒吊仔」對於人體的影響，其實都僅止於常民知識，沒有正式的科學根據，早期學界無法證明倒吊子是否眞的具備致命性，其研究的困難在於，檳榔的食用不單是檳榔子本身，還包含了各式的佐料。食用檳榔的場合往往會飲酒，還有患者本身可能具備高血壓在內的各項宿疾，以及分析儀器的不足，難以從臨床病例證實倒吊仔對人體的影響。直到 2009 年，才由高雄醫學院首度證實，食用倒吊仔會引發心臟病〔註 40〕，並發表在 SCI 等級的醫學期刊。2010 才展開計畫性的，使用儀器檢測展開倒吊子與心臟病關連的研究〔註 41〕，盼能解開倒吊子的謎團。

二、臺灣檳榔的販售與食用方式

（一）販售方式

　　市面販售檳榔的類型，分爲「菁仔」、「葉仔」、「雙子星」三種，皆不是單純食用檳榔子，依照類型的不同，會搭配「石灰」、「荖藤」、「荖花」或者「荖葉」使用。

　　檳榔子本身的口感相當苦澀，需要以石灰調和，分解苦澀成分，石灰本爲白色，是爲白灰，白灰加工成黑灰，紅灰則成以白、黑、灰爲基底參佐其他原料製成，無論何種石灰，咀嚼後的汁液都是紅色的，故檳榔嚼食者又被稱作「紅唇族」。紅灰的主要原料爲「甘蜜、草膏、香料」〔註 42〕，「黑灰是以草膏和兒茶煮的原汁，再沾石灰而成」〔註 43〕。時代上，白灰最早，黑灰次之，紅灰是最後出現的，成分也最爲複雜。市面上販賣黑灰的店家最少。

〔註 40〕 楊菁菁，〈數值會說話　倒吊子檳榔引發心臟病〉，《自由時報》，2009 年 12 月 18 日（來源 http://www.libertytimes.com.tw/2009/new/dec/18/today-health4.htm，20131230）。

〔註 41〕 林憲源，〈倒吊子檳榔致命原因成謎　高醫展開研究〉，《中廣新聞網》，2010 年 1 月 21 日。（來源 http://www2.kmu.edu.tw/front/bin/ptdetail.phtml?Part=kmu 10012502，20131230）

〔註 42〕 陳天祥，《中國檳榔史》（南投：中檳圖書公司，1990 年）頁 21。

〔註 43〕 王蜀桂，《臺灣檳榔四季青》（臺北：常民文化，1999 年）頁 100。

　　買檳榔時，客人常常都在車上，販售人員從檳榔攤走出來詢問客人欲購買的商品，再走回去拿，很耗時間，於是發展出了「買檳榔手勢」。在車上對著販售人員作出「手刀」向下劈的手勢，代表要買菁仔；食指向上比「一」並劃圈，代表要買「包葉」；兩手握拳相碰，代表要買雙子星；兩手張開代表要買多粒；食指與拇指比出捏東西的手勢，代表要買「幼的」。以手比「五十」，代表要買五十元檳榔，以此類推；拿出菸盒給販售人員看，則可知道你要買甚麼款的菸，假如要買「峰」香菸，只要張嘴念「峰」即可，因為通常檳榔攤所售菸品，只有「峰」是用單字下去號名的，販售人員只要看嘴型就知道你要買甚麼。

　　「紅唇族」常被詬病的檳榔汁亂吐，所造成的公害問題，早於日本時代已有紀錄，例如明治時代，一篇描寫客運下等艙的實況的報導，有這樣的記載：「……在今日之三等客車，蔗朴亂堆，檳榔子之汁，縱橫亂吐，為旅客者，雖鼓勇而乘，亦殊難忍，諸多不快，特長途旅行者，則尤為艱辛也。」〔註44〕

　　荖葉、荖藤或荖花的作用，則可能在於增加檳榔的香氣、辛辣度以及產生提神的功效。一般市面上所見，通常為荖葉、荖花，荖藤相當稀少。

圖3　荖　葉

資料來源：陳正維攝，臺東市的荖葉田（2012年1月8日）

　　檳榔搭配荖葉、荖藤、荖花的食用方式，自古皆然，也可能並非臺灣獨

〔註44〕〈汽車下等客車〉，《漢文臺灣日日新報》，1906年6月1日，第2版。

有，但臺灣必定是荖葉的重要產區，在清代即有商業種植，可供外銷中國，
《東瀛識略》有這樣的記錄：

> 蔞草，一名荖，又名扶留，藤蔓生，葉如桑，花如僵蠶，色綠，味
> 辛，或雲即華芨；根為荖藤，色白微紅，臺人取之，切片長寸余，
> 和蠣灰夾檳榔柔食之；葉以斤論，運鬻內地，年以數百萬斤計；閩
> 廣人食檳榔，多裹以荖葉，味尤辣。〔註45〕

圖4　荖藤青仔

中間的荖藤狀似木片，與荖花有顯著差異。
資料來源：陳正維攝，購於台東市「尤檳榔攤」（2012.01.11）

　　檳榔與石灰等搭配使用，是傳承自先人的作法，但此種食用方式是由哪
個民族開始的？則難以證實，此種食用方式在臺灣的漢人、原住民，以及中
國閩廣地區皆有留傳，取材因地制宜，內陸地區以岩石充當石灰來源，近海
地區則以珊瑚礁、貝殼做為石灰來源，推測是各地先人無意間發現檳榔與石
灰搭配可降低澀感而採用之。

　　檳榔計量單位為「口」或「粒」；最小販售單位為「盒」或「包」，依照
季節的不同，每「盒」或「包」所裝載的檳榔果數量（「口」）會不同；依照
品質需求不同，會分成「大口」、「多粒仔」或「幼ê」。「大口」是指比較大
顆的檳榔；「多粒仔」是指數量多，但柔嫩度差的檳榔，以上「數量」、「柔
嫩度」是相較「幼ê」而言。無論數量、品質、季節和地區等，購買檳榔每

〔註45〕丁紹儀，《東瀛識略》（臺北：臺灣銀行經濟研究室編，1957年）。

次的最小交易單位金額都是五十元，也有可能出現五十元兩盒的情況。

檳榔的品質以纖維的粗細、含水量的多寡來判斷，纖維越粗，含水量越少則品質越低；纖維越細，含水量越大則品質越高。

依照販售類型的不同，整理如下：

1、菁 仔

菁仔在臺語中與檳榔果同義，但在討論檳榔食用類型時，菁仔指涉的是「沒有包荖葉而食用的檳榔」。菁仔是將檳榔果的中間剖開，抹上石灰，塞入荖花或荖藤食用。販售時使用盒裝。

除了中間剖開塞入佐料的形式外，還有一種處理方式叫作「捲皮」。「捲皮」是以鋒利的刀片，從檳榔果邊緣削出一片連結檳榔果的果皮，後將之反捲，在果皮反捲與檳榔果中間處塞入荖藤或者荖花。

「捲皮」必須要使用纖維較為幼嫩的檳榔果來製作，故將檳榔作成捲皮販售的原因，可能是為了讓消費者從外觀，就能判斷檳榔品質較為幼嫩。

2、葉 仔

葉仔又稱「包葉」、「包葉仔」，指涉「以荖葉包覆檳榔果的檳榔食用方式」。葉仔是將檳榔果以抹上白灰的荖葉包覆，食用時，須先將果蒂咬下吐掉。販售時使用塑膠封口袋成一包。

葉仔通常使用整顆檳榔果製作，但尚有一種「剖半」的方式是以半顆檳榔果製作。「剖半」是以「大口」的檳榔對切，再以抹上石灰的荖葉包覆，在相同原料的情況下，以剖半增加「口數」。

在某些檳榔收成較少的時期，還會有「四分之一剖」以及將數顆纖維較粗糙的「剖半」檳榔，切去難以食用的粗纖維果肉，撿出尚可食用的果肉，數塊聚合成一「口」，再以荖葉包覆的特殊食用方式。

「剖半」、「四分之一剖」以及將數顆「剖半」檳榔切去粗纖維合而為一的食用方式，通常都是為了在原料相同的情況下，增加檳榔「口數」的做法，「口數」增加則量變多，食用的次數也會變多。這種增加使用次數，但整體食用量其實沒有變多的做法，是「嗜好性」商品的特性之一，香菸也有類似的銷售手法。也與檳榔作為祭祀用品、社交用品的身分有關。

「菁仔」用的石灰通常是紅石灰，「葉仔」所用得石灰通常是白石灰，故也有人將「菁仔」稱作「紅灰」，將「葉仔」稱作「白灰」。坊間尚有一種採用黑石灰的製作方式，則是「菁仔」和「葉仔」都有使用，黑灰檳榔的汁液

黏度，明顯較紅、白灰爲低，在市面上相當罕見。

3、雙子星

以荖葉包覆兩顆，體積較小且青嫩的菁仔成一口的檳榔食用類型，以盒裝，販售時可加入梅子粉，吃起來是甜的。因爲有加梅子粉，部分商家會付竹籤，讓使用者插來食用，防止黏手。

（二）食用方式

現今對普通消費者販賣的檳榔產品，款式眾多，但都有制式化的規範：售價皆爲五十元；制式的產品包裝；雷同的製作方式。

這是檳榔產業在現今已有相當商業化規模，上下游各環節分工專職，大量製作的結果。在檳榔產業還未發展到如今商業化規模以前，早期住民食用檳榔則須自行加工處理。

1、傳統食用方式

檳榔佐以石灰食用，是種流傳已久的作法，石灰（CaO）來自於加熱過後的石灰石（CaCO$_3$），石灰石則存在於大自然之中，舉凡貝類、珊瑚礁、岩石，均可能有石灰石的存在，早期居民會至野外採集石灰石，自行燒成石灰佐以食用，《東瀛識略》上記載的「蠣灰夾檳榔棗食之」〔註46〕，即是取材於自然的早期食用方式。現代的研究也曾紀錄「阿美族人吃檳榔一定要加配料，如石灰。若沒有石灰口感會比較澀，因此會用大自然的石頭、貝殼或是蚌殼來製作石灰。」〔註47〕。筆者的田野經驗，曾在墾丁白砂看過當地居民，一疊裹上石灰的荖葉，一包菁仔，每次嚼食，一片荖葉，一顆菁仔的放入嘴中使用，都與現今市售檳榔普遍的食用經驗不同。

2、檳榔筍、檳榔花

檳榔的利用價值不僅僅在於果實，在清代，居民就懂得料理檳檳榔筍，而且還是珍貴的食材，《東瀛識略》記載：

> 臺灣多竹，而筍味均苦，不可食。別有檳榔筍，乃樹頂初出嫩尖，巨如人臂，剝去外殼，僅比茭白略長，味甘鮮且嫩於筍。其樹直上無枝，高一、二丈，折其尖則萎，故得之不易，價甚昂。〔註48〕

〔註46〕丁紹儀，《東瀛識略》（臺北：臺灣銀行經濟研究室，1957年）頁59。

〔註47〕高碧霞，〈阿美族檳榔文化內涵之探究——以東昌、港口、馬蘭部落爲例〉（花蓮：國立東華大學族群關係與文化研究所碩士論文，2007年）頁45。

〔註48〕丁紹儀，《東瀛識略》（臺北：臺灣銀行經濟研究室，1957年）。

　　雖然檳榔與竹子，在植物分類學上完全屬於不同科的植物，但其筆直的形象，外加嫩尖需要剝殼的相似之處，也就被清代文人類比為竹筍，成為得之不易的食材

　　檳榔筍又稱半天筍、檳榔心，與檳榔花不同，這是時常被誤解的。檳榔筍是檳榔樹的最末端，尖銳幼嫩的部位，植物結構上屬於檳榔的頂芽分生組織，失去了，檳榔就不會繼續成長，故才會有東瀛識略所謂的「價甚昂」，何澂在〈台陽雜詠〉詩句曾有這樣的描述「檳榔筍折春風綠」〔註49〕，說明檳榔筍須在天時配合的情況下，將樹幹吹倒，才有機會食用的珍貴性。現代採收的方式，也是砍倒取出：

> 當收割完檳榔之後，農人便會將品質較差，以及長得太高的檳榔樹
> 砍掉，重新補種。這些砍下來的檳榔樹，農人會取出檳榔心，以作
> 為食材，因其味可媲美竹筍，而稱半天筍，是富含纖維質的健康食
> 品。〔註50〕

　　檳榔花則是尚未結果抽出的檳榔花苞，王凱泰〈臺灣雜詠〉詩中所記載的：「好竹連山覺筍香（成句），馬蹄（筍名）入市許先嘗；誰知瘴霧蠻煙裏，別有花豬二尺長（檳榔筍較竹筍尤嫩）。」〔註51〕裡的「花豬」，指得應該是檳榔花。把檳榔樹砍倒之後，可同時取出檳榔筍和檳榔花。

　　檳榔筍的料理可在某些餐廳中發現，市場或者靠近檳榔產區的路旁，也可能看見商人販售這兩種產品。

第二節　檳榔的臺灣化

　　東南亞和南洋地區均可見到食用檳榔的習俗，但臺灣將檳榔文化發揮到淋漓盡致，以檳榔為中心，所衍生出來的檳榔次文化，主要見於臺灣，少見於世界其他地方，成為臺灣的特色。

　　檳榔屬於臺灣的特色，早在日本時代，檳榔就成為外國人士「獵奇」的臺灣風俗，1910 年在倫敦舉行的的日英博覽會，被派出去「展示」的蕃人，就有「男女肩負檳榔子袋」〔註52〕的景象。當時的檳榔是隨著蕃人而一起被

〔註49〕臺灣銀行經濟研究室，《臺灣雜詠合刻》（臺北市：臺灣銀行，1958 年）頁 72。
〔註50〕王蜀桂，《臺灣檳榔四季青》（臺北：常民文化，1999 年）頁 38。
〔註51〕臺灣銀行經濟研究室，《臺灣雜詠合刻》（臺北市：臺灣銀行，1958 年）頁 45。
〔註52〕〈蕃人渡歐〉，《漢文臺灣日日新報》，1910 年 2 月 24 日，第 2 版。

看見，但到了現代，檳榔所衍生出來的次文化，已經單獨成主體，成爲臺灣的觀光賣點：

> 中國安利萬人菁英晚宴 18 日就要在台中登場，爲了讓他們留下深刻印象，除了美食招待之外，全場最令賓客們矚目的，就是百聞不如一見的「台灣檳榔攤」！主辦單位把掛滿七彩霓虹的檳榔攤搬進會場正中央，還請來辣妹現場表演包檳榔，就是要讓陸客近距離體驗台灣在地文化。〔註53〕

從「附屬」的存在，到「主體」展示，揭示著檳榔文化百年來不斷發展的脈絡。檳榔爲臺灣特色，「本土性」是檳榔文化形成臺灣特色的必要因素，本土性是「人本化」與「地緣化」的結果，莊萬壽認爲「文化的主體是人，文化的『本土化』終極關懷的就是『人化』、『人本化』。」〔註54〕。以土地爲中心而發展的文化，是所謂的地緣化，爲本土化的構成要素之一，如同莊萬壽所提到的：

> ……福佬客家的移民者，無不被這美麗的土地吸引著……他們依著台灣地理的特色，塑造了適應新環境的文化景觀（cultural Landscape），這就是地緣化……台灣的本土文化必須建立於顧名思義的「土地」上，這對於從未有主體意識的台灣，格外迫切。〔註55〕

探討臺灣的檳榔文化，就是要著眼於，以臺灣土地爲立足點的人民生活經驗中，檳榔與臺灣人的切身關係。

一、以檳榔爲名的地名

探討與檳榔有關的地名，是要探討檳榔的地緣化，因爲地名的形成，往往與當地的地形、人民生活痕跡和特殊天然物等有關〔註56〕。地名研究者，廖忠俊指出「追溯舊地名之由來，可讓我們理解到一族群之歷史與自然社會

〔註53〕 〈安利團／體驗正港台灣味！檳榔西施將現身晚宴〉，《NOWnews 今日新聞網》，2009 年 3 月 18 日。來源：http://legacy.nownews.com/2009/03/18/138-2423884.htm#ixzz32jgm5XUl

〔註54〕 莊萬壽，〈台灣本土文化之理論建構〉，《台灣論》（臺北市：玉山社出版事業股份有限公司，1996 年 7 月）頁 20。

〔註55〕 莊萬壽，〈台灣本土文化之理論建構〉，《台灣論》（臺北市：玉山社出版事業股份有限公司，1996 年 7 月）頁 24～26。

〔註56〕 張德水，《臺灣政治、種族、地名沿革》（臺北：前衛，1996 年）頁 101～109。

政經語言文化民情習俗等。」〔註57〕。洪敏麟指出「地名是藉語詞表達特定空間的代號」〔註58〕，地名也見證了當地歷史，「由於『地名』具有當地歷史的『見證』功能，現代的人，可從一地的名稱去探索當地的重要史實。」〔註59〕我們可藉由地名，觀察出一地之文化特色。

臺灣的地名中，含有「檳榔」二字者，爲數眾多，在清朝時代即有紀錄。清代時期，最少八個〔註60〕，日治時期所編列的《臺灣堡圖》〔註61〕中，最少出現三個，而由內政部所出版的《台灣地區二萬五千分之一地形圖》〔註62〕與檳榔有關的地名更高達十七個以上。另有如「菁仔」、「荖藤」等，與檳榔相關的詞彙在各地的地名中。

常見的檳榔相關地名有：檳榔、檳榔腳、檳榔坑、檳榔宅、檳榔林、檳榔山、菁仔林和荖藤宅等。

以上地名，大部分非單一存在，可能會出現兩個具有同樣地名的地方。根據日本時代，對臺灣地名深入研究的學者，安倍明義的說法，「林」、「園」這類的地名，是以「以其植物茂盛而取名」〔註63〕，意即：其所在地，檳榔樹，爲強勢的樹種，其「林」有樹林之意，「園」則爲旱田之意，故此，我們得知「檳榔林」、「菁仔林」均表示檳榔所構成的樹林。「檳榔園」，代表該地有具一定規模的檳榔人工栽種行爲，將檳榔視作經濟作物，如同稻米和果樹，是爲了經濟需求，或者生活必需性而種植。

檳榔宅，意爲「種植檳榔樹的宅院」〔註64〕同樣的，荖藤宅意爲「種植

〔註57〕廖忠俊，《臺灣鄉鎮舊地名考譯》（臺北：允晨文化，2008年），緒言。

〔註58〕洪敏麟〈臺灣地名之多樣性與稀有地名之探討〉，《臺灣地名研究成果學術研討會論文集》（南投：臺灣文獻館，2008年）頁9。

〔註59〕洪英聖，《情歸故鄉——壹總篇，臺灣地名探索》（臺北市：時報文化出版企業有限公司，1995年）頁32。

〔註60〕國立中央圖書館台灣分館，《臺灣文獻書目解題　第二種　地圖類（一）》（臺北：國立中央圖書館臺灣分館，1997年）。

〔註61〕張炳南、李汝和修，洪敏麟等編，《臺灣堡圖集》（臺北：臺灣省文獻委員會，1969年）。

〔註62〕內政部地政司，《台灣地區二萬五千分之一地形圖》（臺北：內政部地政司，2005年）。

〔註63〕安倍明義，《臺灣地名研究》（臺北：武陵出版有限公司，1992年）頁45。

〔註64〕陳國章，《臺灣地名辭典》（臺北：國立臺灣師範大學地理學系）2004年，此部分的資料，是由「臺灣地名條目查詢系統」所得。網址 http://webgis.sinica.edu.tw/geo/geoquery.asp

荖藤的宅院」；檳榔坑，意為「種植檳榔樹的谷」〔註65〕；檳榔山，意為「種植檳榔樹的山」〔註66〕；而檳榔腳，臺語中，「腳」有作「下面」之意，雖然在各項資料中，均沒有直接解釋「檳榔腳」的條目，但我們可以根據其他具有「腳」的地名推測〔註67〕，檳榔腳為「檳榔樹的下方」即「檳榔樹下方的聚落」之意。

「檳榔宅」滿佈，是臺灣鄉間的印象，日本時代初期有這樣的記載：「……查蕭壠戶數。一千百餘戶。盡居檳榔宅中。雖村落。而風景悠雅。當地之兒童。多有奇異……」〔註68〕。

由以上，我們可以得知：以檳榔為地名者，不論北、中、南、東，遍佈全臺；由「宅」、「園」這類的地名得知，檳榔在清代即有人工種植。

對地名的觀察可得知，檳榔，確實是可代表臺灣鄉土民情的植物之一，檳榔普遍存在於臺灣的地名中，也代表了，檳榔在早期的臺灣，並不具有「粗俗」的含意，否則，當地居民，理當不會使用「檳榔」作為其住所的名稱。

二、傳統文化中的檳榔

除了食用，檳榔在臺灣傳統文化裡，具有豐富的意涵。

祭拜：檳榔是西拉雅人祭拜阿立祖必備的祭祀品〔註69〕。日本時代則有記錄屏東高士佛地區，（應為現今牡丹鄉與滿州鄉間的高士村，居民以排灣族為主），祭拜往生者會以檳榔敬之：「以生時嗜好之物俱殉焉。然後壓巨石而掩沙土。初死之五日。闔家坐石上哭泣。親朋皆以豬肉雞酒檳榔等物來弔。過此以往則五年哭泣一次。以示不忘。」〔註70〕。

〔註65〕陳國章，《臺灣地名辭典》（臺北：國立臺灣師範大學地理學系）2004年，此部分的資料，是由「臺灣地名條目查詢系統」所得。網址 http://webgis.sinica. edu.tw/geo/geoquery.asp

〔註66〕陳國章，《臺灣地名辭典》（臺北：國立臺灣師範大學地理學系）2004年，此部分的資料，是由「臺灣地名條目查詢系統」所得。網址 http://webgis.sinica. edu.tw/geo/geoquery.asp

〔註67〕例如：「相思樹腳」意「相思樹的下面」。可推測，「腳」在地名上有作「下面」之意，而單純的的在某種植物之下，難以成為地名，因缺少人的活動，所以這類的地名，要作「在某物下面的聚落」之解。以上參考：陳國章，《臺灣地名辭典》（臺北：國立臺灣師範大學地理學系）2004年。

〔註68〕〈蕭壠學況〉，《漢文臺灣日日新報》，1906年2月3日，第3版。

〔註69〕石萬壽，〈西拉雅平埔族蕭壠社群的阿立祖信仰〉，「國際中國邊疆學術會議」論文（臺北：政治大學主辦，1985年）頁1465～1499。

〔註70〕南樵，〈恒春蕃俗瑣談〉，《漢文臺灣日日新報》，1907年9月8日，第4版。

　　締約信物：檳榔本具有地界的功能性，也許因此衍生出立誓、臣服、和解等意涵，成為締約信物。排灣族有把初生檳榔獻給頭目，以象徵繳納地租的傳統。〔註71〕荷蘭時代，有平埔族人獻檳榔予東印度公司，以表示臣服的記載：「並帶來一些檳榔和椰子樹種植，以示誠心，願將他們的土地和收穫獻給荷蘭人。」〔註72〕。

　　日本時代，1908年的新聞，曾紀錄臺東兩派番人，在派出所前誓言和解，並交換檳榔子以為信。「……自是乃行和約式。先使高山蕃二十七人。同平地蕃頭目入派出所界內。次次整列……燃起茅艸。平地蕃高山蕃互以些少煙草相贈。受之者退於後方。更交換檳榔子。各飲一杯酒。於是豫備式告終……」〔註73〕。

　　作法：檳榔是作法的器物，除了卑南族的巫術會用到檳榔〔註74〕，《東瀛識略》也記載了在平地社會，尚有檳榔咒的傳說，以及性工作者使用檳榔留住恩客的作法：

> 今聞淡水廳屬尚有能持符咒殺人者，以符灰雜煙茗檳榔閒食之，周迷弗覺，劫財恣淫，一任所為；然皆未見。惟娼家遇客至，利其貲，不利其去，潛以妓口嚼余檳榔汁濡客辮尾，客即留連不忍他適；或數日間闊，妓向所奉土神前焚香紙，默誦數語，客輒心動趨往。〔註75〕

　　染齒：檳榔是東南亞黑齒文化的孑遺，檳榔不是僅有的染齒材料，但染齒的風氣，可能起源於熱帶地區居民，依賴嚼食檳榔帶來的醫學效用，長期吃檳榔之後，牙齒自然染黑，日後「黑齒」成為追求健康的象徵，被賦予正面價值，而形成黑齒文化，故日籍學者推斷，黑齒文化正是因為「出於實際上的保健需求（按：吃檳榔），日久才成為染齒之風」〔註76〕，日本民族學者

〔註71〕王蜀桂，《臺灣檳榔四季青》（臺北：常民文化事業股份有限公司，1999年）頁183。

〔註72〕此條目的中文翻譯版本，採用程紹剛，《荷蘭人在福爾摩莎》（臺北：聯經出版事業公司，2000年）頁174。

〔註73〕〈生蕃之和約式〉，《漢文臺灣日日新報》，1908年3月18日，第5版。

〔註74〕王蜀桂，《臺灣檳榔四季青》（臺北：常民文化事業股份有限公司，1999年）頁193～198。

〔註75〕丁紹儀，《東瀛識略》（臺北：臺灣銀行經濟研究室編，1957年）頁36。

〔註76〕野谷昌俊，〈臺灣に於ける食檳榔の風習〉，《人類學雜誌》，49卷4期（1934年），此處轉引自沈佳姍，〈戰前臺灣黑齒習俗流變初探〉，《臺灣原住民研究

國分直一曾經推測，古書《魏志》裡所記載的「黑齒國」，就是指臺灣〔註77〕。黑齒的審美標準，與西方文明追求潔白亮麗的牙齒，標榜衛生健康的現代性，有著明顯的差異，更揭示著蕃人文化融入所謂漢人社會的證據，沈佳珊對於檳榔與染齒的研究，得到了「若再觀察明清時期台灣漢人的主要祖籍地——南粵東等地之漢人風俗，則更強烈暗示台灣中南部漢人的檳榔和黑齒習俗主要來自於台灣的台灣原住民族，而非中國原鄉。」〔註78〕，之結論，日本時代，黑齒文化還存在於臺灣，詩人蔡碧吟的作品中描述「無嫌黑齒聊隨俗，吹到門前荖葉香。兩頰桃花紅欲暈，兒家風韻在檳榔。」〔註79〕可見當時臺灣人的審美觀，尚把嚼食檳榔的「紅唇黑齒」，視作美感的表現，檳榔的食用，在文化識別上，代表了臺灣人的原生文化與中國漢人文化本質上的差異。

洗門風、賠罪：檳榔在民間習俗中有賠罪之意，根據黃貴潮的說法，在阿美族的社會中，檳榔具有「違規賠罪之替代品」的功用，〔註80〕，此功用也見於臺灣人的社會中，甚至在現代還保留住。

日本時代的報紙，曾有一件發生於艋舺的竊盜糾紛，兩造雙方，爲了和解，加害方登門以檳榔致歉，乃獲法院減輕量刑的案例：「……依據慣例罰燈彩灼炮檳榔登門服罪，法院遞稟和解，事始寢云。」〔註81〕。

明治年間，某性工作者，誤將路人錯認爲之前白嫖的客人，攔阻並威脅脫衣還錢，鬧上警局的事件。性工作者最後以分送大家檳榔賠罪收場：「……余（按：被誤會爲白嫖的路人）不汝寬也，妓乃大懼，謝過惟恐不遑，幸該地有鐘保正者，出爲魯連，使妓奉還其衣裤，且依慣例，罰妓分贈檳榔于眾，自認其無理。其人許息事。」〔註82〕。

1909年，也是因爲鬥毆產生的官司，當事人當街發送檳榔以示謝罪：「前

論叢》10 期（2011 年 12 月）。
〔註77〕 國分直一著：李作婷，邱鴻霖譯，《日本民俗文化誌：文化基層與周邊之探索》（臺北市：臺大圖書館，2011 年）頁 306。
〔註78〕 沈佳珊，〈戰前臺灣黑齒習俗流變初探〉，《臺灣原住民研究論叢》10 期（2011 年 12 月）。
〔註79〕 蔡碧吟，〈臺陽竹枝詞・三首〉，《廣臺灣詩乘》。來源：臺灣文學館全臺詩資料庫 http://xdcm.nmtl.gov.tw/TWP/b/b02.htm
〔註80〕 王蜀桂，《臺灣檳榔四季青》（臺北市：常民文化事業股份有限公司，1999 年），頁 187。
〔註81〕 〈登門服罪〉，《漢文臺灣日日新報》，1905 年 11 月 7 日，第 5 版。
〔註82〕 〈錯認阮郎〉，《漢文臺灣日日新報》，1905 年 8 月 6 日，第 5 版。

報佛祖廟街林為政。被嶺後街蔡水生毆傷。告訴一事。嗣其弟出為和解。勸蔡為之服藥。並向市内各銀舖分頒檳榔。以謝其罪。林於是將該告訴取下。」〔註83〕。

同為明治年間，歸仁地區，一位新上工的性工作者，遭到白嫖，隔天誤認他人為白嫖者，引發抱怨，但被誤認者在接受性工作者以檳榔謝罪後原諒：

> 關帝廟支廳下歸仁北庄某甲日前偶在該料理店呼妓侑酒。迨至半酣遂相率出。既而甲竟逃去，該妓本近日初來者，人地兩疏。翌朝冒認為八甲庄某乙，乙不甘，責以不直，遂以檳榔謝罪。噫皮肉生涯，固為可鄙，而無錢遊興，然亦可憎云。〔註84〕

此以檳榔洗門風、賠罪的習俗在現代社會中偶爾還會發生，〔註85〕與日本時代相同，此類的事件通常會躍上新聞版面。

示好、禮數：詩人林維朝所云：「不投桃李不投瓊，只把檳榔當禮呈。盡道辛香能辟瘴，口脂濃郁酒痕生。」〔註86〕，描述檳榔曾是臺灣人心中重要的禮品，示好、表示善意，皆能以檳榔示之。

明治時代的嘉義，有個黃先生，無意間看到一位讓他心動的少男，於是以檳榔中間夾帶銀子，送給那位少年，暗示好意，希望對方接受與他相好的請求：

> 嘉義西門外街黃宗。年五十六。素有斷袖癖。鄉人皆不齒之。一日於演劇場中。見一少年男子年十六七。半神皎潔。態度翩躚。雖瓊姿映月。玉樹臨風。亦不是過。宗此際神魂俱失。急趨而就之。詢其起居姓氏。知為新店尾街同宗某之季弟某甲。從茲百計千方。以親近之。每夜招之同往聽劇。進以菓物檳榔。中雜小銀塊。甲以為一時之誤。取而還之。次夜亦然。甲疑而問曰。獻此金欲何為。宗曰願君笑納是幸。別無他求……〔註87〕

明治時代，總督到訪嘉義，市民以檳榔作成歡迎標語慶祝之：「……準

〔註83〕〈好勇鬥很〉，《漢文臺灣日日新報》，1909 年 12 月 9 日，第 4 版。

〔註84〕〈亦太無狀〉，《漢文臺灣日日新報》，1908 年 4 月 15 日，第 5 版。

〔註85〕江志雄，〈誣鄰外遇　婦洗門風賠罪〉，《自由時報》，2009 年 5 月 1 日。（來源：http://news.ltn.com.tw/news/society/paper/299965）

〔註86〕林維朝，〈臺灣雜詠・五首〉，《林維朝詩文集・初囀集》。來源：國立臺灣文學館全臺詩資料庫 http://xdcm.nmtl.gov.tw/TWP/b/b02.htm

〔註87〕〈大不便宜〉，《漢文臺灣日日新報》，1905 年 10 月 24 日，第 5 版。

備歡迎總督於嘉義驛，停車場方面。周圍屋柱。繫以榕葉。裝成綠門十餘處。壹等待合所前門上。用檳榔子嵌成歡迎二字。鑲以紅李子。鮮妍異常⋯⋯」〔註88〕。

　　在阿美族的習俗中，檳榔也代表在愛情上示好之意，「阿美族未婚的青年中，透過檳榔傳達情意，使檳榔有催化、催情的作用，它是定情的符碼，愛苗由此滋長。」〔註89〕。示好的社會功用，代表檳榔在臺灣社會所具備的正面形象。

　　在生命、社會禮儀外，檳榔在某些族群中具有人的形象，根據黃貴潮的口述，對於阿美族人而言，檳榔汁象徵母乳，檳榔的蒂頭象徵著女性的子宮，檳榔是母親的化身，偷人檳榔視同殺人，阿美族話裡的菁仔與陰道相同，荖藤、荖葉和菁仔的搭配使用，象徵著父母親家庭的結合〔註90〕。魯凱族人以「檳榔樹的亭亭玉立，形容端莊的淑女」〔註91〕。達悟人則將菁仔視為女孩的象徵，荖藤視為男孩之象徵，白灰則是連繫男女的感情象徵，故檳榔有傳達愛慕之意。〔註92〕

　　一般所見，臺灣人的婚俗儀式中，仍保有以檳榔宴客、提親的傳統。社交上，臺灣俗諺中所謂「會成不成，檳榔提進前」中所描述，主客雙方為展現禮貌，在交涉之前相請檳榔的作法也還可見於社會之中。檳榔在臺灣所代表的意義，絕不僅止於食用後所帶來的生理功效，還衍生出深厚的文化意涵。

三、臺灣檳榔買賣的特殊現象

　　檳榔在臺灣所演化出來的次文化是臺灣檳榔之所以為臺灣特色的成因之一。筆者以田野經驗、文獻資料，將所觀察到的現象，探尋臺灣檳榔的特殊現象。

〔註88〕〈嘉義歡迎總督之盛況〉，《漢文臺灣日日新報》，1906 年 1 月 13 日，第 3 版。
〔註89〕高碧霞，〈阿美族檳榔文化內涵之探究——以東昌、港口、馬蘭部落為例〉（花蓮：東華大學族群關係與文化研究所碩士論文，2007 年）。
〔註90〕王蜀桂，《臺灣檳榔四季青》（臺北市：常民文化事業股份有限公司，1999 年），頁 188～189。
〔註91〕王蜀桂，《臺灣檳榔四季青》（臺北市：常民文化事業股份有限公司，1999 年），頁 183。
〔註92〕王蜀桂，《臺灣檳榔四季青》（臺北市：常民文化事業股份有限公司，1999 年），頁 191。

（一）檳榔攤的多功能性

檳榔攤遍佈全島，是臺灣風景的一部分。臺灣自古即有檳榔交易，黃佐君以清朝地課稅項目分析，發現清朝已經有檳榔攤的存在，當時的名稱叫做「檳榔櫃」、「檳榔鋪」或者「檳榔桌」。

> 至於販賣檳榔場所最早的稱呼，依《臺灣南部碑文集成》記錄乾隆四十五（1780 年）年台南佛頭港福德祠的碑記，上云：佛頭港之有福德祠，由來矣。……眾議：廟前店屋不得張高，致傷廟宇，貽禍街眾；如有增高其店者，值年爐主必聞眾阻止；如不遵公議，即呈官究治。又本廟前檳榔櫃一所，年議稅銀六元，作二季交爐主公用。謹此勒石爲記。碑中記載著福德祠要求廟前的「檳榔櫃」交租稅銀，檳榔櫃即爲販賣檳榔場所。在《清代台灣大租調查書》中也記載道光十九年（1839 年）珠池、珠俊兩兄弟分家的契約書，其中長兄珠池獲得田宅包括：「本街峰仔頂西畔檳榔店茅屋一座，坐西向東，年稅銀十二大員。」記錄中的「檳榔店」亦是販賣檳榔的店舖。另外根據乾隆三十年（1765 年）澎湖通判胡建偉描寫當時澎湖媽宮街市情況，其中也談及「檳榔鋪」、「檳榔桌」，不管是檳榔鋪、檳榔桌、檳榔櫃、檳榔店，乃至於前述陳武以扁擔肩挑流動式的兜售形式，皆證實了當時台灣、澎湖有販售檳榔爲業者並且還有專門買賣檳榔之場所存在，更進一步表示社會上嚼食檳榔的盛況。〔註93〕

檳榔攤本爲賣檳榔的場所，但在臺灣，已經發展出賣檳榔以外的多功能性，形成特色。檳檳榔攤的設立地點，檳榔加盟店業者，給加盟主的操作手冊裡面記載：

> 可設檳榔攤店地區：
>
> 　　甲、靠市場臨要道最好地點。
>
> 　　乙、密集鬧區、住宅、遊樂區最好地點。
>
> 　　丙、風化區、娛樂區、工廠要道最好。
>
> 　　丁、人口流量多，徒步車輛行走均可。
>
> 　　戊、三角窗也是佳點。〔註94〕

〔註93〕黃佐君，《檳榔與清代台灣社會》，（新竹：國立中央大學歷史研究所在職專班碩論，2006 年）。

〔註94〕陳天祥，《中國檳榔史》（南投：中檳圖書公司，1990 年）頁 58。

王蜀桂則認為，檳榔攤設立的黃金地點，是雙線道上的三角窗位置：

　　……一般來說，雙線道比四線道更適合擺攤，原因在於雙線道大多
　　沒有人行道，停車方便，離騎樓也近。如果是交通繁忙的雙線道，
　　加上又是三角窗位置，就是檳榔攤的黃金地點，生意肯定鴻圖大展。
　　以高雄市六合路、八德路、大同一路等道路兩旁，檳榔攤林立，而
　　中山路、七賢路、中華路……以及林蔭大道旁，卻幾乎看不到檳榔
　　攤，就是明證。〔註95〕

　　他們的說法，大致也符合政府對於檳榔攤的地理位置、數量的普查分析，
除了 2003 年的《攤販經營概況調查結果綜合分析》，有將檳榔攤單獨列舉為
一個討論項目外，其他次的普查，均將檳榔攤包含在食品類攤販中，沒有單
獨的研究數字，故檳榔攤的實際數量，以及其消長，沒有明確的官方統計數
據，2003 年的普查分析結果如下：

（一）無店面檳榔攤吸納就業人口 3 萬餘人；全年營業收入 199 億
　　　元。

　　　九十二年八月底臺灣地區無店面檳榔攤有 1 萬 7,604 家，占
　　　全體攤販之 6.1%；吸納就業人口 3 萬 539 人，其中女性占
　　　67.4%；創造營業收入 199 億元，平均每家全年營業收入 113
　　　萬元；平均每日營業時間 11.2 個小時，較其他攤販平均高出
　　　4.7 小時；平均利潤率 31.2%，優於全體攤販之平均 28.5%。

（二）交通要道附近設攤超過二成。

　　　若按縣市別觀察檳榔攤，臺北縣檳榔攤共 2,418 家或占 13.7%
　　　最多；臺中縣 1,553 家或占 8.8%次之；高雄市及屏東縣分別
　　　為 1,439 家及 1,426 家居第三、四；澎湖縣僅 35 家最少。若
　　　按營業地點觀察，以住宅區附近占 40.6%最多；交流道、快
　　　速道等交通要道附近占 22.5%次之；商圈、商業區附近占
　　　10.7%排名第三。其中基隆市、新竹市、雲林縣及澎湖縣有
　　　六成以上檳榔攤集中在住宅區附近營業；臺北縣、南投縣、
　　　臺南縣及屏東縣則超過 300 家在交流道、快速道等交通要道
　　　附近設攤。」〔註96〕

〔註95〕王蜀桂，《臺灣檳榔四季青》（臺北：常民文化，1999 年）頁 146。
〔註96〕〈九十二年臺灣地區攤販經營概況調查結果綜合分析〉中華民國統計資料

　　此次對於檳榔攤的普查，只針對半流動式、流動式的「攤販」檳榔攤，並不包含開設於店面的檳榔攤，故檳榔攤的總數應大於 1 萬 7000 家，根據菸商的調查，全臺檳榔攤的總數，爲 3 萬家以上〔註 97〕，而根據統一集團的推估，則有十萬家以上〔註 98〕，整體而言，檳榔攤適合設立於交流道附近、省道上、騎樓等地，除此之外，檳榔攤也常見於工地以及選舉造勢場合。這與檳榔的食用人口，包含底層勞動者、客運司機，或者許多人習慣在開長途的車上食用檳榔有關。檳榔的食用人口以男性勞動者爲大宗，也因爲這層關係，檳榔的末端販售者，出現以男性爲號召的檳榔西施，這是市場取向的自然發展。又因檳榔食用人口的雄性象徵，對應著提供者的雌性象徵，也讓檳榔攤，除了販賣場所的性質，往往又具備了其他的社會功能。

　　企業化的檳榔經營模式，可能源於 1980 年代，1986 年的《經濟日報》，出現了一篇新聞，裡頭記載了「三重市出現了一家專業經營「檳榔」的企業化公司，如果您想賣檳榔，只要找上它，從招牌、吊飾、檳榔、包裝……它都能替您一手包辦。」〔註 99〕，雖然根據內容難以揣摩該公司的名稱，但其內容所指，可能是在描述檳榔連鎖店，或是檳榔開店用品公司的創立。

　　檳榔攤的形式，具備相當的有機性，除了臺灣人爲賣檳榔而設計出的專用檳榔攤、改裝過後的貨櫃屋、騎樓的店面、發財車以及桌子等。

　　檳榔攤除了賣檳榔，還衍生出下列特殊的功能：

　　賭場：在臺灣，檳榔攤兼營賭場的現象相當常見，原因在於檳榔攤時常以貨櫃屋打造，內面有空間提供聚賭；賭博是非法的行爲，業者無法正大光明的招收客源，檳榔接觸大量的人流，可在販賣檳榔中，發覺可以信任的潛在客源。〔註 100〕

　　　網。來源：http://www.stat.gov.tw/public/Data/943015213971.doc

〔註97〕吳怡萱，〈深入三萬檳榔攤拔樁　登上台灣荖王〉，《商業週刊》1074 期（2008年 8 月 23 日）。來源：http://www.businessweekly.com.tw/KArticle.aspx?id=33481

〔註98〕呂曼文，〈統一成立檳榔攤銷售公司〉，《蘋果日報》，2003 年 6 月 10 日。來源：http://www.appledaily.com.tw/appledaily/article/finance/20030610/96787/

〔註99〕徐鑫輝，〈街頭掃描，檳榔公司〉，《經濟日報》，1986 年 7 月 23 日，第 12 版。

〔註100〕列舉新聞所記載的案例，此類新聞發生的頻率頗高。湯寶隆、張世瑜，〈檳榔攤掩護　警方循聲破獲賭場　抓擄槍男〉，《蘋果日報》，2012 年 1 月 5 日。來源：http://www.appledaily.com.tw/appledaily/article/headline/20120105/33938712/、〈檳榔攤爲掩護，警方破獲象棋非法賭場〉，《NOW news 今日新聞》，2011.09.19（來源：http://www.nownews.com/n/2011/09/19/412770）、〈檳榔攤聚賭　西施把風破功〉，《中時電子報》，2014 年 4 月 25 日（來源：http://www.chinatimes.com/

　　黑道堂口：部分臺灣的黑道份子，會將檳榔攤作爲根據地，平時可販賣商品增加營收，又可當作幫眾聚集的場所。檳榔攤通常設立在交通便利之地，幫眾集合後，要前往他處較爲迅捷。部分黑道份子，則直接將檳榔攤視爲黑道組織的單位體，組織的名稱就是檳榔攤的店名。〔註101〕

　　聲色場所：檳榔攤型態的卡拉 OK 在部分地區很盛行，根據新聞報導，〔註102〕「……台一線雲林斗南至西螺路段沿途有四、五十家檳榔攤，由於競爭激烈，業者在檳榔攤內兼營卡拉 OK 已成趨勢……」，但是也有相反的情形，筆者對檳榔攤卡拉 OK 業者的訪談，業者表示，本行其實是做卡拉 OK，會在外面開檳榔攤，起因他們的卡拉 OK 無法在該區域申請到合法的牌照，不能公開掛招牌營業，故在店外開設檳榔攤以爲掩護，盼在交易檳榔時，可以向熟識的客人介紹裡面的營業行爲，進而招攬生意。〔註103〕

　　部分性交易場所也以檳榔攤作掩護，從事性交易的行爲〔註104〕，雖然某些媒體將此視爲「世風日下」，以緬懷舊日的古樸，但其實這是人性，近古皆然，根據日本時代的報導，這種「假營檳榔業，內實藏嬌」的作法在超過一百年前已經存在，「世風」並非現代才「日下」的：

> 臺南西關外本島人貸座敷指定地。除入組合三十八間外。暗築香巢。以密賣淫者。卻亦不少。有蘇氏汝。在蔡厝巷街外。假營檳榔業。內實藏嬌。於花明柳暗。勾引狂蜂浪蝶。彼即從中取利。而附近之平安敏亦然。有一女年方二八。常倚門賣俏。近日忽被阿汝騙去。敏大不甘。走報該地派出所警官。直抵汝家搜索。其時內雖有人。已從後門逸出云。〔註105〕

---

　　realtimenews/20140425004658-260402）

〔註101〕吳世聰、吳俊鋒，〈21 歲掌討債團　檳榔攤當堂口〉，《自由時報》，2012 年 4 月 27 日。（來源：http://news.ltn.com.tw/news/society/paper/579260）「嘉縣警方昨天在台南關廟破獲暴力討債集團，逮捕首腦李文傑等 13 人……，穿著印有『文傑檳榔』幫服，出手凶狠……」。

〔註102〕〈檳榔攤兼卡拉 OK 成風〉，《蘋果日報》2006 年 12 月 12 日。（來源：http://www.appledaily.com.tw/appledaily/article/headline/20061212/3099584/）

〔註103〕2012 年 7 月，筆者於某交流道購買檳榔時和店家聊天，被主動告知該店內部設有歡唱包廂，遂在店家的帶領下入內參觀。若店家沒有主動告知，從外觀上無從發覺內部尚有經營卡拉 OK。

〔註104〕〈檳榔攤賣肉　35 歲男嫖 61 歲嬤〉，《蘋果日報》，2014 年 1 月 16 日。（來源：http://news.ltn.com.tw/news/local/paper/747174）

〔註105〕〈新花佐酒／暗築香巢〉，《漢文日日新報》，1909 年 10 月 6 日。

　　巴士乘車站：部分交流道附近的檳榔攤，也有和客運業務相結合營運的情況，賣檳榔同時賣客運車票，成為客運巴士的停靠站，這是地利之便所至。

　　工地福利社：工地周邊，會出現販賣檳榔以及工地所需用品的貨櫃屋，稱作工地福利社，其流動性大，工期結束後，工地福利社也就遷往他處。

　　臺灣檳榔攤，具備相當的有機性，在不同環境，會出現不同的形態，從檳榔攤的外觀型式，到檳榔攤的營業項目，都會出現變化。有的與檳榔本身的功效有關，例如檳榔可振奮精神，消解勞動者的苦悶，故在工地有較大的需求，衍生出了工地福利社。但部分的功能性，並非檳榔的本質所促成，例如巴士乘車站，是檳榔攤的地理位置特性所致；黑道堂口也可能化身在其他具有相同條件的的行業裡面，只是檳榔攤剛好具備了部分設立黑道堂口的條件，這並非檳榔的本質所促成，並不宜以這些檳榔攤的多功能性，斷定檳榔文化的善惡。

（二）檳榔攤商品化的特殊現象

　　檳榔攤除了販賣檳榔，還具備了便利性，堪稱臺灣的得來速，為了提供給檳榔攤的消費者，一次購足的需求，檳榔攤販賣的不只是檳榔，檳榔攤還販賣了以下的商品：

1、冷　飲

　　會販賣冷飲的原因，在於長途開車者、工地的勞動者，通常有購買飲料的需求，部分便利商店均有販售的飲料，在檳榔攤難以見到，而檳榔攤普遍會販售的飲料，可能也未見於便利商店，例如檳榔攤時常可見的藥酒，便利商店並不會販售：

> 　　每家檳榔攤放置飲料的冰箱中，千篇一律可見伯朗咖啡、莎莎亞椰奶與維大力汽水等。但為什麼是這三種飲料呢？業者透露，其實這些飲料多半是為了調配保力達或維士比一起喝，才應顧客要求販售的。〔註106〕

　　碳酸飲料：臺灣整體市場，碳酸飲料的市佔率前兩名，分別為可口可樂三成五、黑松沙士三成〔註107〕，但在檳榔攤，賣最好的碳酸飲飲料是維他露

〔註106〕劉俞青，〈保力達、維士比　暴利傳奇〉，《今周刊》649期，2009年5月28日。（來源：http://www.businesstoday.com.tw/article-content-80408-93680）

〔註107〕楊雅民，〈600ml寶特瓶碳酸飲料　悄漲16%〉，《自由時報》，2011年9月15日。（來源：http://news.ltn.com.tw/news/life/paper/524152）

P，高達六成，而黑松沙士的近九成的佔有率也明顯高於可口可樂的兩成二。

　　可口可樂是在臺灣已銷售五十年以上〔註108〕，其高普及率卻沒有反映到檳榔攤上。黑松沙士、維他露 P 遍見於全臺各檳榔攤。黑松沙士在檳榔攤的高普及率，可能與臺灣民間，對黑松沙士的依賴度相當高有關，臺灣民間，普遍相信，黑松沙士具有降火、消暑，甚至是治療感冒的效用，這些功效，符合檳榔攤消費族群的需求。維他露 P 銷售率高，但通常此款商品並非單獨飲用，而是與藥酒混合作調酒使用。

　　咖啡、運動飲料、果汁、茶類、機能飲料：據統計〔註 109〕，近百分之百的檳榔攤有販售伯朗咖啡，僅有不到百分之1的檳榔攤有販售其他品牌咖啡，在冬天，部分的檳榔攤有販售熱的伯朗咖啡；百分之96 的檳榔攤有販售舒跑，其他運動飲料品牌，佔有率不到百分之5；果汁類以莎莎亞椰奶為主流，佔百分之 65，其次為津津蘆筍汁；近八成的檳榔攤有販售包裝茶類飲料，品牌以開喜烏龍茶為大宗，佔六成；機能飲料以保力達蠻牛佔大宗，有百分之87.7。

　　以上的飲料，分別具備高甜度、提神、補充體力等特質。高甜度的飲品適合於悶熱的環境飲用，提神效用適合於高勞動力的環境，這些均符合勞動者的需求。

　　茶類飲品在便利商店販售的款式多元，但在檳榔攤，分類上，一般只作烏龍茶、綠茶的「茶種」分別，口味只作「甜」與「無糖」的分類，並沒有太多選擇。

　　莎莎亞椰奶也可能是為了與藥酒混合作調酒而販售，與維他露 P 相同。

　　田野調查觀察到，寶特瓶包裝的茶類、咖啡飲品，在工地還具備掩護違禁品的功能性，部分工人為規避工安的檢查，在進入工區前，會將酒類裝入寶特瓶飲品的空瓶中，在外觀上，盛裝茶類、咖啡的寶特瓶，和盛裝酒類的寶特瓶如出一轍，恐使工安人員不易察覺，誤認為非酒類而放行通過。

　　後來的工安檢查，為了避免此狀況發生，部分工安會要求工人開罐，以

〔註108〕來源：可口可樂官網 http://www.coca-cola.com.tw/about_us/coke-attaiwan.aspx?kv=2

〔註109〕林慧姿，〈檳榔攤通路研究〉，《九十四學年度產學合作計畫結案報告》（臺中：僑光技術學院，2005 年）。（來源：http://120.109.100.158/ocu/manasystem/Files/Cures/9804240951441_%E7%94%A2%E5%AD%B81%E6%AA%B3%E6%A6%94%E6%94%A4%E7%B5%90%E6%A1%88%E5%A0%B1%E5%91%8A.pdf）

嗅覺鑑定瓶內的飲料是否為酒類。工人的解決之道是攜帶大批的同類飲品，部分裝盛合格飲料，部分裝酒類，待進入工地時，拿出合格飲品提供檢驗，掩護酒類過關。

藥酒：藥酒的品牌以保力達B、維士比，這兩大品牌佔大宗，藥酒是檳榔攤相當特別的商品，根據周刊的報導，檳榔攤是此類商品的主要通路：

> 這是一則典型的台灣商場神話，但神話的傳奇性，並不僅僅在於「日進斗金」的豐厚利益，更在於他們完全顛覆傳統的飲料經營模式。
>
> 近年來，在超商銷售排行榜上，大街小巷人手一瓶的「茶裏王」系列飲料，蟬聯多年的冠軍寶座，每年營業額近三十億元，因而被國內飲料市場譽為「茶裏王奇蹟」。但是，上不了超商陳售架的保力達，靠著獨特檳榔攤的通路，每年營業額至少七十億元，是茶裏王的兩倍，獲利則至少是茶裏王三倍。〔註110〕

特別的地方在於，藥酒依規定只能在藥房販售，卻普遍見於檳榔攤，根據食品藥物管理署的稽查指出「『維士比』與『保力達B』等藥酒依規定只能在藥局販售，但食品藥物管理署全台稽查發現，近半數檳榔攤仍違法販售。」〔註111〕，藥酒其實才是檳榔攤主要的飲品項目，某些飲品的存在，主要是為了配合藥酒飲用。常民文化本來就很可能與官方規範相違背，商品的販賣與否，取決於常民的需求，臺灣的勞動飲品，這類型的提神飲料不可或缺，才造就如此特別的文化現象。

結冰礦泉水：結冰礦泉水，是將寶特瓶包裝水，置入冰櫃，冷凍成冰塊後販賣的飲品，常見於夏季的檳榔攤。結冰礦泉水本來就是臺灣工地文化的一部分，工人赴工地之前，時常會備妥結冰礦泉水在隨身物品中，以方便在酷熱的工地中飲用。

2、菸　品

檳榔攤的菸品與其他販售場所不同，檳榔攤的種類較少，以臺系、日系公司的主流產品為主，但也有可能出現除了檳榔攤，其他通路皆難看見的菸

〔註110〕劉俞青，〈保力達、維士比　暴利傳奇〉，《今周刊》649期，2009年5月28日。（來源：http://www.businesstoday.com.tw/article-content-80408-93680）
〔註111〕黃文彥，〈近半檳榔攤　違法賣藥酒〉，《聯合報》，2014年5月2日。（來源：http://udn.com/NEWS/LIFE/LIF1/8649464.shtml）

品。價格方面，低、中、高價位的菸品都會販售。

一般檳榔攤所販售的菸品，常見「長壽」系列、「七星」系列，以及傑太公司的低價產品，如「MORE」、「雲絲頓」等。單價最高者，通常爲傑太的「峰」系列，以及歐系的「大衛杜夫」系列，全世界銷售量最大的菸品，「萬寶路」系列，反而很難在檳榔攤中現身，根據報導，是這菸商耕耘的結果：

> 原本檳榔攤超過九成都是臺灣菸酒的產品，但傑太逐步攻占，如今搶下四二·一七％的市場，超越台灣菸酒的四一·九四％，成爲檳榔攤通路的銷售冠軍。〔註112〕

檳榔攤也是非法、非主流品牌香菸的銷售管道之一：

> 國內香菸即將在年底大幅調漲稅捐25元，原本在中南部中低階層流行的廉價白牌菸及私菸，也抓緊這波漲稅議題，擴大攻占市場。夜市、跳蚤市場、檳榔攤，隨處可見這些低價劣菸，幕後更有黑道勢力操控。未來1包進口洋菸，可換買4包私菸，政府急於加稅，卻激出新一波走私菸潮。〔註113〕

無法在一般通路合法上架的走私菸、假菸，可能會寄售在檳榔攤裡，而小眾品牌（通常價格比主流品牌要低很多），也時常可以在檳榔攤中現身。警方曾在查緝私菸的過程中發現，有款小眾品牌的香菸，其名稱就叫作「檳榔」：

> 苗栗警分局會同苗栗縣政府財政處昨天在苗栗市查獲疑似私劣菸，共二十一種品牌一一三六包，產地包括歐洲、東南亞與中國等，其中還有「客家」、「檳榔」香菸等特殊品牌，警方正追查菸品來源。〔註114〕

檢視檳榔攤的次要商品，可以藉由勞動者的消費行爲，勾勒出勞動者對於產品的喜好，其喜好，與普及全臺灣的便利商店，有著相當的差異，超商龍頭 7-ELEVEn 的母公司——統一集團爲了彌補此區塊的不足，甚至成立了

〔註112〕吳怡萱，〈深入三萬檳榔攤拔樁　登上台灣菸王〉，《商業週刊》第 1074 期（2008 年 8 月 23 日）。（來源：http://www.businessweekly.com.tw/KArticle.aspx?id=33481）
〔註113〕謝明俊，〈吸完狂吐黑痰　直擊　白牌劣菸流竄全台〉，《時報周刊》，第 1852 期（2013 年 8 月 16 日）。（來源：http://www.ctweekly.com.tw/product6_view.asp?nid=529#.U4HuSXKSySq）
〔註114〕陳界良，〈苗栗查獲私菸　名字竟叫客家〉，《自由時報》，2010 年 3 月 18 日。（來源：http://news.ltn.com.tw/news/life/paper/380583）

「檳榔攤銷售公司」，專門負責檳榔攤的通路，協助他們的自家產品能夠在檳榔攤上架〔註115〕。

（三）檳榔西施文化的流行

檳榔西施與檳榔攤所構成的展示空間，是檳榔文化中最廣為人知的外在表現。其產生的因素，與現今檳榔人口以男性為主流，所帶動的消費文化有直接的關係：

> 檳榔西施像是父權體制下權力展現的符碼，具體地形塑消費社會的男性情慾想像，它除了表面實質消費功能外，是否在潛意識層面有著更幽微複雜的慾望流動，從空間論述的符號、機能上，它似乎都可以滿足最基本的需求，對公路景觀而言，它不單只是流動攤販的衍生，而是更為深層空間的解讀……〔註116〕

檳榔西施本來只是為了增加檳榔附加價值而出現，但在檳榔攤、霓虹燈、和檳榔西施所構成的空間，帶出了情色欲望、性別階級、空間美學、服飾美學等複雜的面向之後，已經成為多元的研究議題，構成充滿生命力的文化現象，其遊走於灰色地帶的爭議性，就如同前文所探討的檳榔攤的功能性與產品時常與法律牴觸的現象，都是常民對抗體制的表現，這種表現時常遭受公權力的壓制，也是社會輿論上，檳榔文化裡最常被拿來作文章的一環：

> 「檳榔西施在台灣是一項舉世無雙的獨特文化，她們的出現在很多方面都遊走在法律的邊緣，經常成為執法定義模糊下的「受害人」。」〔註117〕。

但在藝術界，檳榔西施是珍貴的文化資產，「台灣檳榔西施現象與藝術創作如今已經被視為國寶議題」〔註118〕，高雄市立美術館曾推出「檳榔西施我愛妳」的主題展覽，當時的館長李俊賢表示「檳榔西施是台灣次文化的經典之一，造型閃亮的檳榔攤，變成台灣獨特的社會景觀。」此展覽也獲邀至巴黎 Point Ephemere 展出。

〔註115〕呂曼文，〈統一成立檳榔攤銷售公司〉，《蘋果日報》，2003 年 6 月 10 日。（來源：http://www.appledaily.com.tw/appledaily/article/finance/20030610/96787/）

〔註116〕蕭興南，〈台灣「檳榔西施」的符號與社會意義〉（宜蘭：佛光人文社會學院社會學研究所碩士論文，2004 年）。

〔註117〕陸蓉之，〈「檳榔西施」藝術外交奇兵？〉，《中國時報》，2002 年 4 月 24 日，（來源：http://intermargins.net/repression/sexwork/types/betelnutbeauties/articles/2002Jan-Jun/20020425b.htm）

〔註118〕沈昱彤，〈陳敬寶檳榔西施攝影研究〉（臺北：國立臺北教育大學藝術與造形設計學系碩士班碩士論文，2011 年）。

海內外，已有多位藝術家，例如：陳敬寶、日籍攝影師瀨戶正人（Seto Masato）、荒木經惟（Araki Nobunoshi）、比利時的亞特米耶夫（Boris Artemieff）和南非的歐陽峰（Tobie Openshaw）、施工忠昊、吳瓊華、林慶芳、黃庭輔，等人，以攝影、裝置藝術等手法，讓檳榔西施成爲創作的主體，把檳榔西施推上國際舞臺。

2002 年第一屆臺新藝術獎，施工忠昊的〈美術館檳榔攤之施公檳榔茶〉入圍視覺傳達獎項，入圍理由寫道：「檳榔西施和檳榔攤的空間，是近年來台灣次文化中最引人注目又最具台灣地方性特色的美學觀念……」〔註 119〕。因爲「引人注目又最具台灣地方性特色」，自然是外國媒體的關心的議題，讀賣新聞、CNN、BBC、路透社、日本中京電臺，都曾針對檳榔西施的議題做過報導〔註 120〕。

檳榔西施的文化，在缺乏官方推動的情況下，成爲吸引國際焦點的臺灣印象，實屬難得，但筆者實際接觸的經驗，檳榔西施並沒有把自身的工作視作任何使命感的乘載，他們通常也不清楚這些以他們職業爲創作主題的藝術作品和研究，檳榔西施的流動性大，部分存在著「對人客走」〔註 121〕的傳統，不同檳榔攤間，還有可能爲搶客源，互相檢舉對方違規。現實上，雖然污名化程度在近年，經學界和藝術家以正面的角度論述之後，已經降低，但檳榔西施的職業認同感還是相當薄弱。

〔註 119〕臺新藝術獎官網。（來源：http://www.taishinart.org.tw/chinese/2_taishinarts_award/
2_2_top_detail.php?MID=3&ID=&AID=5&AKID=10&PeID=70）

〔註 120〕〈探究檳榔西施三不政策，讀賣新聞也來訪問朱立倫〉，《ETtoday》，2002 年
10 月 8 日。來源：http://intermargins.net/repression/sexwork/types/betelnutbeauties/
news/2002Jul-Dec/20021011d.htm

〔註 121〕筆者與檳榔西施交談中所得知的檳榔西施文化，檳榔西施在工作的過程中會
跟投緣的客人交朋友，部分交往之後，因男友不允許她繼續上班而離職，這
個現象在張華蓀，〈認同、空間與權力：檳榔西施情慾解放之機會與限制〉（臺
北：國立臺灣大學地理環境資源研究所博士論文，2007 年）中也有討論到。

第三章 臺灣的檳榔產業與檳榔族群的人口結構

　　檳榔的相關產業，包含種檳榔、荖葉、荖藤的農民、批發檳榔的盤商、販售檳榔的服務人員、製作檳榔盒的業者，「乃至」製作設計檳榔攤的廠商等，有龐大的從業人口，是個根深蒂固的本土產業。探討檳榔食用人口的特質，可以得知檳榔在臺灣社會地位的變化。從檳榔產業的產值、栽種面積，能夠分析出檳榔文化在臺灣消長的趨勢。

第一節　檳榔的產業

　　檳榔是一個本土產業，與同為嗜好性商品的菸酒不同，沒有公賣制度，產、製無需要特許執照，任何人都可種植販賣，從產到銷，完整的上下游產業鏈，發自於民間，故有許多人依賴檳榔為生。一般熟知，臺灣會進口泰國菁仔，但這是為壓制檳榔價格的短期政策，事實上，臺灣檳榔的出口較進口為多。戰後初期，臺灣即對日本出口檳榔〔註1〕，在 1952 年政府甚至鼓勵檳榔作為外銷產品〔註2〕，檳榔的出口除了生鮮檳榔果，尚有以中藥材名義出口的乾檳榔（乾榔椿、大腹子）、乾檳榔衣（大腹皮），但後來恐因中國競爭，加工費時等因素，外銷量已經減少。〔註3〕。

〔註1〕　《臺灣省政府公報》，春字 69 期（1950 年 3 月 22 日）。
〔註2〕　〈獎勵外銷滯銷品　財廳准增卅四種〉，《聯合報》，1952 年 4 月 13 日，第 03版。
〔註3〕　林煒煜，〈檳榔站在叉路口〉，《豐年半月刊》40 卷第 5 期（1990 年 3 月）。

　　檳榔貿易由來已久，以近期十年左右的貿易值呈現檳榔產業的進出口概況，反映現實變化。根據農委會的農產品貿統計資料〔註4〕，進口的最大國為泰國，佔了進口檳榔數量的百分之九十九以上，此外為緬甸，但數量稀少。出口方面，在官方的統計中，2002 年至 2010 年，臺灣的檳榔曾經出口到：香港、中國、泰國、越南、澳門、日本、比利時、留尼旺、美國、馬來西亞、新加坡等十一個國家或地區，其中，出口最多的國家為香港。雖然出口數量大於進口數量，但進口價值大於出口價值。

　　以政府有開放泰國菁仔的年度作觀察〔註5〕，泰國檳榔在 2003 年進口 1806 公噸達到最高峰，此後則因疫病問題〔註6〕，一直到 2006 年才再度有規模的進口，但數量大不如前，2006 年為 70 公噸，2007 年達 182 公噸，其餘每年平均只有進口 20 公噸。

　　檳榔產業的最源頭叫作「產農」，就是種檳榔的農民。產農之下為「跑山」，意指割檳榔的人。由大盤（行口、盤口）向跑山的人收購檳榔，再配給各地「中盤」，而後銷售到各地「檳榔攤」，交由檳榔西施等最下游的銷售人員。在檳榔業界，大盤和中盤的定義並不是看經營規模大小，直接與跑山或產農接觸的叫作大盤，間接接觸的叫作中盤。檳榔往來各地的過程需要「貨運」；採收檳榔需要「伸縮檳榔刀」；檳榔分級篩選需要「篩選工人」或者「檳榔篩選機」、「檳榔數粒機」；到了檳榔攤，切割檳榔需要「檳榔剪」、「檳榔刀」或是「檳榔切割機」；調製紅灰需要「人工攪拌」，或是「紅灰攪拌機」〔註7〕。檳榔西施的服飾，根據筆者 2003 年在臺一線內埔至屏東段多次觀察到的經驗，尚有一種開著裝載檳榔西施服飾的廂型車，沿線停靠各檳榔攤，開後車廂供檳榔西施挑選購買的商人作專門販售，不過在其他地區未曾見過。各層面的人工、五金製作、機械研發合起來，才能成就完整的檳榔產業。

　　檳榔產業存在類似契作的產銷模式，產農本身只負責種，由「包田」的業者負責後續的動作。但產農也可能自產自銷，身兼盤商。檳榔產業尚有一

〔註4〕　見表2。

〔註5〕　見表1。

〔註6〕　王鈺淳、楊雅民，〈泰檳榔進口　農民反彈〉，《自由時報》，2006 年 4 月 6 日（來源：http://news.ltn.com.tw/news/life/paper/65514）

〔註7〕　此段到此的內容依據田調檳榔產農馮先生的訪談內容；王蜀桂，《臺灣檳榔四季青》（臺北：常民文化，1999 年）頁 109～114 整理而成。

特殊現象，業界普遍認知嘉義的檳榔受消費者喜愛，故可能發生甲地的檳榔採收完之後，至嘉義加工「過水」，再銷售回甲地，並宣稱這是來自嘉義產區的檳榔〔註8〕，以求得更好的賣點。檳榔的價格採行聯合壟斷的模式，有別於其他農產品，各地區的農產品具有不同的競價市場，全臺灣各產區的檳榔進貨價與銷貨價跟隨嘉義的檳榔公會制訂；全臺灣的荖葉價格跟隨臺東的荖葉公會制訂。但此模式在 2014 年遭到公平會以：

> 自行訂定檳榔價格，並由該聯誼會之幹部轉知所屬會員之行為，促使會員不為價格競爭，損害以品質、價格、服務等效能競爭為本質之市場交易秩序，具有商業競爭倫理之非難性，核屬以不正當方法，使他事業不為價格之競爭之行為……〔註9〕

為理由裁罰，故檳榔農早年建立起來，為了穩定檳榔產業身價的措施，已經遭受了挑戰。

檳榔的撿選早期只區分「大」、「中」、「小」，後來再以「特的」、「白肉的」、「紅肉的」、「尖的」、「嫩的」、「幼的」、「黑羽」、「小旱」、「正旱」、「軟仁」以及「硬仁」來區分品質，品質的好壞是從水分、纖維、顏色判斷而來，剖開來後，紅色越多代表越不嫩，白肉就是全白，水分多，心又深（裡面的檳榔心，空的），纖維則是撥絲檢視，越細越好。紅肉、白肉，跟品種有關係，紅肉的種，種出來就是紅的，白肉的種出來就是白的。零售端在買賣檳榔的時候，檳榔攤會問消費者要「多粒」的？還是要「嫩的」？就是在問消費者要選擇紅肉或白肉。檳榔的保存有時間性，收割，冰存會影響到品質，假若保存的過程中，檳榔頭開始爛，就得捨棄。大小的部分，以「S」、「不」、「幼」、「合」、「中」、「西（對剖）」、「占（剖三片）」、「破（剖四片）」、「外」、「子」以及「孫」來區分大小。撿選之後的檳榔子，分別會成為雙子星、菁仔、以及包葉仔採用的材料。〔註10〕

農業機關不對檳榔作品種改良及研發，故未見類似茶葉的「臺茶 18 號」、蓮霧的「黑珍珠」此類的品種名稱。根據文獻資料以及田調得知，臺灣檳榔

〔註8〕　依據田調檳榔產農馮先生訪談內容。

〔註9〕　公平交易委員會新聞資料。（來源：http://www.ftc.gov.tw/internet/main/doc/doc Detail.aspx?uid=126&docid=13544）

〔註10〕陳天祥《中國檳榔史》（南投：中檳圖書公司，1990 年）頁 6～頁 8；王蜀桂，《臺灣檳榔四季青》（臺北：常民文化，1999 年）頁 121；〈菁仔報價單〉。（來源：知名度專業菁仔行網站 http://www.ychun168.com/pricept.html）

品種依照檳榔生長特性和結果特徵稱呼,「早生(早花)檳榔」、「慢生(晚生、晚花)」檳榔、「幼的」、「多粒」、「長仔」、「短仔」、「尖子」等,使得臺灣檳榔一年四季皆可採收,供應全年需求,品種的差異可能是檳榔自行雜交而生,或是農民長期篩選的結果。

檳榔在批發市場的計量單位,是以每 1000 粒的斤兩重作單位,每次基本的交易數量為 1000 粒的倍數,交易時採秤重而非數粒。不同等級、地區的檳榔,斤兩會有差異,以各地檳榔聯誼會每天發佈的斤兩作為交易依據,比方某日嘉義菁仔市場行情通知單上面記載「特不:山底價 1.6 出口價:1.9 重量 7 斤 8」,就代表當天嘉義「特」級「不」尺寸的檳榔,行口向產農收購價格為每顆 1.6 元,行口批給中盤為每顆 1.9 元,交易時秤重 7 斤 8 兩就代表有 1000 顆,以上列條件作換算,1.6 元*1000 顆 / 7.5 斤≒214 元 / 斤,就會得到當天每斤檳榔 214 元的結論。

檳榔的價格,會因為產季而有起落,以晚生檳榔產季結束,早生檳榔初產的四月到七月為價格的高峰期,根據農業統計月報[註11],2004～2013 檳榔整年平均價格,約在 1.0～1.4 元 / 粒之間波動。對比價格高峰期的變化,1990～1994 年,這五年平均價格最高的 5～6 月檳榔價格介於 6～8 元[註12],等於每斤約要 800 元以上,但到了 2006 年,即便「天價」,也僅剩 650 元 / 斤[註13],往後該時期通常都維持在 260 元 / 斤上下,一直到 2014 年,在價格高峰期,檳榔才又來到 500 元 / 斤[註14]的價位,原因是該年的冬天較長,檳榔生長較慢所致。

無論是產農、檳榔攤、檳榔貨運,都常是歹徒宵小作案目標。產農在檳榔價格高峰時,檳榔園要提防小偷來訪,地方警力此時也會加強巡邏,維護農民權益,除檳榔之外,荖葉也會成為竊賊覬覦對象。檳榔攤臨路,又交易以現金為主,容易下手行搶,故搶案時有所聞。根據筆者對於業者的田調所聞,早年「綠金」時代的檳榔,運送檳榔的專車曾被持槍搶劫,到了近期,

---

〔註11〕《農業統計月報》(2014 年 5 月)。(來源:http://agrstat.coa.gov.tw/sdweb/images/icon_pdf.gif)

〔註12〕行政院農業委員會檳榔主題館。(來源:http://kmweb.coa.gov.tw/subject/ct.asp?xItem=120963&ctNode=3643&mp=262&kpi=0)

〔註13〕葉永騫、張存薇、林明宏,〈檳榔崩盤下殺 每台斤 650 元跌破 10 元〉,《自由時報》,2006.08.19。(來源:http://news.ltn.com.tw/news/life/paper/87573)

〔註14〕陳彥廷,〈檳榔價倍增 屏東盤商收貨不出價〉,《自由時報》,2014 年 5 月 26 日。(來源:http://news.ltn.com.tw/news/local/paper/782202)

則是運送荖葉的貨運車，成爲歹徒的目標，業者分享了荖葉運送車遭搶的故事：

> 現在在貴得，其實是荖葉，一斤貴到四五百塊，那一車下來，一兩
> 百萬跑不掉。之前南迴就發生有人直接搶車，搶完了車不要，只要
> 葉子。這些東西，又沒有寫名字，你搶運鈔車，車票還會寫號碼，
> 檳榔跟葉子都沒有，人家來搶，就代表他賣得出去。〔註15〕

檳榔的偷割同樣遭遇產品無法識別，而易於銷贓的問題，根據馮先生的敘述，早年他們曾經想送辦疑似偷檳榔的人，但無法證明偷割者身上的檳榔到底是不是業者園內的，而在舉證上產生困難，故產農重視防範未然，需常至園裡巡視。

栽種面積與生產量，在近年，徐函君等人已做過相當完整的分析，全臺灣前三名的檳榔主要產區，分別爲屏東縣、嘉義縣和南投縣，而生產量與種植面積，都以屏東縣居冠。〔註16〕

從有統計資料的日本時代，到近年的種植面積與收穫量走勢：

> 日治時代，日本殖民政府基於健康與衛生的考量，反對台灣人民栽
> 植檳榔，故 1921～1945 年期間，栽植面積與生產量趨減，如 1921
> 年栽植面積爲 639.3 公頃，1945 年減爲 366.6 公頃，隨著栽植面積
> 減少，生產量亦自 1921 年的 4,956 公噸減爲 1945 年的 1,224 公噸。
> 戰後，隨著台灣經濟發展，大量勞力投入各行各業，菁仔成爲許多
> 勞動階層提神醒腦的嚼物，菁仔帶來的龐大收益吸引許多產農轉作
> 檳榔，檳榔的栽植面積與生產量自 1980 年後迅增，1996 年達到有
> 史以來最大栽植面積 56,581 公頃，1999 年達到最大生產量 173,907
> 公噸。〔註17〕

對照表格〔註18〕，產量、收穫量、栽種面積，各方面的數據，約莫在 1999年之後，直線下降。

〔註15〕訪問對象：馮先生，訪問時間：2012 年 1 月 8 日，受訪者身分：檳榔農第三代，臺東地區的盤口子弟，自身擁有跑山、收割、批貨等實務經驗。外省人，母系爲客家人，檳榔的事業由外婆這邊傳下來。耕作地點：臺東地區。

〔註16〕涂函君、蘇淑娟，〈台灣沿山地區檳榔業的生產空間與社會：以嘉義縣中埔鄉爲例〉，《地理研究》第 52 期（2010 年 5 月）。

〔註17〕同前註。

〔註18〕見表格 5、6、7。

　　除檳榔外，與檳榔產業相關的作物。荖藤產值極低〔註 19〕，全臺只有高雄、臺東、臺南、南投、以及嘉義（曾經，2009 年之後已無種植），以及花蓮有種植荖藤，其餘地方皆無種植，全臺產值最高年度 2012 年，僅有約 35 萬元。對照同年檳榔整體產值 80 億元〔註 20〕，僅是檳榔產業中微小的配角，莫怪乎，有些人並不知道荖藤的存在。

　　荖花的部分〔註 21〕，2012 年全臺產值最高的區域是臺東，約有兩億元，全臺大約兩億五千萬元。

　　荖葉的部分〔註 22〕，2012 年全台產值最高的縣市是臺東，有 15 億元，居次的彰化僅有 1 億 7500 萬元，全臺整體產值為 18 億 3300 萬元。

　　在臺東探訪荖葉田時，意外發現了現今荖葉田與早年糖廠的傳承關係，在臺東，部分荖葉田所在位置，離當年臺糖的甘蔗種植區很近，荖葉農會挖掘當年種植甘蔗，所遺留下來的「蔗土」，當作荖葉的培植土，促成糖業與檳榔產業之間的歷史淵源。與顯而易見的檳榔林不同，荖葉需種植黑網室中，荖葉田的黑網室，是臺東地區特別的文化地景。

　　以產業面分析，檳榔高峰期的價格，遠較 1990 年代為低，種植面積在1999 年達到 5 萬 6000 公頃的最高峰後，即呈現下滑。多年來檳榔產值雖然僅次於稻米，居農產品第二位，但較有統計記載的 2008 年，在 2014 年也一路下滑了 6 億元，來到 80 億元。收穫量、種植面積、收穫面積、進口量均呈現下滑，來源減少，但產值和高峰期價格卻也下滑的情況來判斷，檳榔產業整體而言，已經停止成長，甚至是邁向萎縮，顯然食用量也大不如前，應該是受到 1997 年，官方祭出〈檳榔問題管理辦法〉，社會對於檳榔的態度轉趨負面，食用人口產生了變化，部分檳榔農轉作其他作物所致，綠金時代已經結束。

〔註 19〕根據行政院農業委員會，綜合統計，農產品生產量總值統計資料（特種作物）。
〔註 20〕根據行政院農業委員會，綜合統計，農產品生產量總值統計資料（果品作物）。
〔註 21〕根據行政院農業委員會，綜合統計，農產品生產量總值統計資料（特種作物）。
〔註 22〕根據行政院農業委員會，綜合統計，農產品生產量總值統計資料（特種作物）。

圖5　蔗　土

圖中偏黃者即為蔗土。

資料來源：陳正維攝，2012 年 1 月 7 日。地點：臺東有時民宿旁的荖葉田。

圖6　蔗　土

臺東荖葉田所用的蔗土，可看到甘蔗的碎屑。

資料來源：陳正維攝，2012 年 1 月 7 日。地點：臺東有時民宿旁的荖葉田。

第二節　檳榔族群的結構

　　早期的紀錄，吃檳榔就是臺灣常民普遍的行為，如同日本時代初期所描繪的「該地婦女。自十六歲以上。無一不食檳榔。至於男子。除官吏或雇員外。亦莫不然。是亦習俗相沿也。」〔註 23〕。雖然食用普遍，但在日本時代的使用認知上，官方人員以及官方場域不使用檳榔的觀念已經成形，戰後亦同，1952 年一份省政府根據臺東鄉民代表建議，發給教育廳的公報，就提及教員應該「勸止」學生吃檳榔〔註 24〕，當時尚未有兒少法規定十八歲以下禁止吃檳榔的條文，但道德上已經認定學生不該食用檳榔；1975 年，臺灣省政府發文，要求所屬機關人員，不要在辦公室內吃檳榔〔註 25〕，到了 1998 年，這件事情還在規勸，並載明吃檳榔要列入考績評鑑中〔註 26〕，可得知，檳榔向來就是被體制排除的習俗，但對民間並未強力管制，民風普遍有用檳榔的風氣，故規勸了數十年，體制內還是無法消除吃檳榔的行為。而在近代，民間吃檳榔的行為，有了版塊性的改變。

　　目前檳榔在臺灣的嚼食情況，根據最近期的統計〔註 27〕，檳榔的食用族群，男性遠大於女性，男性有百分之 14.1，女性只有百分之 1。男性食用率最高的年齡範圍，為 40 到 49 歲，女性亦然。

　　縣市分佈上，全臺檳榔食用率最高的縣市為臺東，男性有百分之 38.4 的人口食用檳榔，女性為百分之 2.8。食用率最低的縣市為澎湖，男性有百分之 6.7 食用檳榔，但女性食用率最低的縣市是臺北市，只有百分之 0.1。

　　然而根據 1996 年統計，於 1998 年由行政院研考會所發佈的資料〔註 28〕，當時的檳榔嗜好人口約莫 280 萬人，那是臺灣食用檳榔人口盛況空前的時期，往後的統計資料均沒有高過這個數目，故許多檳榔防治的資料，會以「我國檳榔食用人口有 300 萬人，並且急遽增加。」來作描述臺灣人吃檳榔的泛濫程度。然而，這個說法是否符合當今現況？

〔註 23〕〈蕃薯寮近信／檳榔〉，《漢文臺灣日日新報》，1905 年 10 月 13 日，第 4 版。
〔註 24〕《臺灣省政府公報》夏字 21 期（1952 年 4 月 22 日）。
〔註 25〕〈臺灣省政府人事處書函〉（64）6，11 省人丙字 12157 號（1975 年 6 月 11 日）。
〔註 26〕〈臺灣省政府函〉87 府人三字 88875 號（1998 年 10 月 9 日）。
〔註 27〕行政院衛生署國民健康局、食品藥物管理局（前管制藥品管理局）與國家衛生研究院共同規劃辦理之「民國 98 年國民健康訪問暨藥物濫用調查」。
〔註 28〕行政院研究發展考核委員會，〈「檳榔問題管理方案」實地查證報告〉，1998 年 5 月。

　　根據最近期 2009 年的政府資料統計，臺灣食用檳榔的人口約為 176 萬人左右〔註29〕，這 13 年間，臺灣人口數由 1996 年的 2152 萬人〔註30〕增加到 2009 年的 2312 萬人，人口多了 160 萬人，但檳榔食用人口卻少了 100 萬人，統計資料比對的結果，「檳榔食用人口 300 萬人」、「急遽增加」，都是不合事實的說法，實際上，檳榔食用人口早就不到 200 萬，而且是急遽減少之中。

　　為何會減少 100 萬的檳榔食用人口？少了哪個族群？檳榔的食用人口，身分組成，與檳榔的本土性有甚麼關聯？要釐清這些問題，要探討臺灣檳榔族群的人口結構之消長。

　　1996 年，陳富莉、李蘭的調查，檳榔食用人口與族群、宗教信仰的關聯〔註31〕，因為調查報告並沒有表示宗教與族群的交叉關係，只能以臺灣社會現實推測，基督教與天主教族群食用檳榔比例最高的原因，實與受訪的原住民，大多信奉基督教、天主教有關，故影響到檳榔食用的成因，並非宗教所致，而與族群有關。

　　這份有將籍貫因素列入討論的調查，顯示了，檳榔的食用，與族群有著相當大的關連，外省族群是臺灣四大族群中，食用檳榔比率最少的，原住民為最高，其中吃檳榔但不吸菸的比率，又以原住民族女性佔絕對多數，這與新幾內亞吃檳榔者幾乎是單獨使用、印尼爪哇婦女嚼食率遠大於男性的調查結果相似〔註32〕，檳榔幾乎不見於任何廣告媒介之中，這顯示了吸菸的習慣來自於商業運作，但食用檳榔是留傳自先民的習俗，檳榔的使用習慣有高度

〔註29〕行政院主計處，根據行政院衛生署國民健康局、食品藥物管理局（前管制藥品管理局）與國家衛生研究院共同規劃辦理之「民國 98 年國民健康訪問暨藥物濫用調查」檳榔人口比率所整理出《性別統計專刊年報》的統計資料，2009 年的 18 歲以上食用檳榔者，佔人口比率的百分之 7.6，再將此比率乘以 2010 年第四周，內政部統計處所發佈的內政統計通報，2009 年底臺灣戶籍登記人口有 2312 萬人，得到 175.7 萬人嚼食檳榔的數字。嚼檳榔比率的定義：臺灣地區 18 歲以上國人自述最近 6 個月內曾嚼食檳榔（偶而或應酬時嚼食也包括在內）。儘管在部份期刊和文獻，所記載的統計資料都表示「臺灣有三百萬的嚼食人口」，但目前較準確的檳榔嚼食人口數，應為 175 萬以上。

〔註30〕內政部戶政司，〈歷年各鄉鎮市區人口數 Population for Township and District since 1981〉。（來源：https://www.google.com/url?q=http://sowf.moi.gov.tw/stat/month/m1-10.xls&sa=U&ei=y8GDU7vlOYrc8AX_-oKgDw&ved=0CA4QFjAG&client=internal-uds-cse&usg=AFQjCNGKTs2g6IVCjg6ASDRmm9C6VH38PA）

〔註31〕見表格 4。

〔註32〕葛應欽，〈嚼食檳榔的文化源流〉，《健康世界》162 卷 282 期（1999 年 6 月）。

的族群性。從清朝到國民政府時代，檳榔的食用從未受到政府的鼓勵，食用檳榔的習慣永遠和外來政權的觀念處在對立面，族群性加上反叛性，以及檳榔本來就被賦予的社交禮儀共識，固然在威權崩解，本土意識高漲，經濟活動熱烈的 1990 年代，具備高度族群屬性的檳榔，開始成為本土派的標榜，個人意識的象徵，尹章義認為，嗜好品的使用，是「既富裕又動盪不安」的年代的社會特徵〔註 33〕，當時的雜誌，對於社會嚼食檳榔的盛況，有這樣的描述：

> 近幾年認同鄉土的風潮，也帶動國內部分知識分子及文人嚼檳榔。一些大學校園裡也陸續出現特異獨行、人稱「嚼檳榔的那個教授」的學者。

> 另外，在政治、社會運動聲勢浩大的近五年……不少受過高等教育社運份子，換上運動衫、嚼起檳榔『擺出普羅的身段』……

> 選舉期間檳榔銷量徒增一到兩成。「各縣市民進黨主委，幾乎都要嚼檳榔」……〔註 34〕

其反叛性，讓青少年食用檳榔的情形，在當時也較過去（1980 年代）提高〔註 35〕，牙醫師〔註 36〕、立委〔註 37〕，也都是檳榔族群的一分子，報載當時的立法院，曾振農「心情一好，他也會在議場拿著外盒印有裸體美女的檳榔發送」〔註 38〕，或者在院內「嘉義縣國民黨提名的曾振農和無黨籍的何嘉榮，在台上你來我往交火，在台下曾振農請何嘉榮吃檳榔。」〔註 39〕以示友好。1994 年的省長選舉，宋楚瑜明確主張反對檳榔進口、加強取締走私的檳榔，以保障產農權益〔註 40〕，雖然遭受親民進黨的環保團體痛陳，還是印製

〔註 33〕尹章義，〈台灣檳榔史〉，《歷史月刊》35 期（1990 年 12 月），頁 78～87。

〔註 34〕楊瑪利，〈檳榔文化──文明與原始的矛盾〉，《天下雜誌》，128 期（1992 年 1 月）。

〔註 35〕楊奕馨、陳鴻榮、曾筑瑄、謝天渝，〈臺灣地區各縣市檳榔嚼食率調查報告〉，《臺灣口腔醫學衛生科學雜誌》第 18 期（2002 年 10 月）。

〔註 36〕陳建宇，〈牙醫師　也有少數紅唇族〉，《聯合報》，1993 年 4 月 16 日，第 5 版。

〔註 37〕林浚南，〈唐裝　檳榔　三字經　曾振農走在豔陽下〉，《聯合晚報》，1994 年 7 月 10 日，第 3 版。

〔註 38〕吳行健，〈草地郎進京，滿嘴台罵加國罵‧莊腳人本色，分送檳榔與純真曾振農，政壇一面，哈哈鏡〉，《聯合晚報》，1995 年 3 月 12 日，第 4 版。

〔註 39〕〈關中陳水扁，朱鳳芝徐鴻進，台上唇槍舌劍，台頭交頭接耳〉，《聯合報》，1992 年 12 月 16 日，第 3 版。

〔註 40〕〈省長候選人農業政策各一套〉，《聯合報》，1994 年 11 月 22 日，第 3 版。

了百萬個印有宋楚瑜肖像和競選標語的檳榔盒發送〔註 41〕；朱高正在選戰期間猛吃檳榔衝遍全臺〔註 42〕，可看出檳榔是當時市場所在，候選人急欲拉攏之族群，檳榔的身影，也就不時出現在那個國會全面改選、四百年來第一戰的蓬勃社會中，與 2000 年後的社會觀感有甚大落差。

到了 2000 年後，檳榔食用人口卻有了改變，透過政府對檳榔負面的傳播，許多人為顧及社會觀感，減少檳榔的食用。檳榔成為特定職業屬性的人（例如司機），為了獲取檳榔所帶來的功效而使用的嗜好品。在社會中，檳榔的負面形象成為了社會共識，就連部分食用檳榔的人，也會在某些「正式場合」收起檳榔：

> 即使是嚼食檳榔者，也會在「某些社會脈絡」下對「嚼食檳榔」或「檳榔」有許多的「顧忌」；也就是說當他們職業的內涵是與「形象」有關，或他們的職業生涯「往上提升」時，嚼食檳榔就便成代表著「不適當」、「低下」甚至是「負面」的象徵。〔註43〕

由此可推斷，接受檳榔的人，事實上也認知到檳榔所被賦予的負面意涵，雖然他們並不一定認同此負面意涵，但屈就於社會規範，進而在使用行為上作出了審視。

檳榔在 13 年中減少了 100 萬的食用人口，現今的經濟情勢較 1990 年代為差，嗜好性商品的使用本來就會下滑，經濟因素本身就是決定檳榔人口多寡的因子，這是情勢造就的自然結果。

人為操作的部分，研究報告雖認為，檳榔的危害認知越高，吃檳榔的人口將會越少〔註 44〕。固然有因為健康因素而戒掉者，但檳榔危害認知率可能不是戒除檳榔的全然原因，形象的負面化也是造成食用人口減少的重要因素，這點從女性嚼食檳榔率總是呈現全面性的下滑，高於男性〔註 45〕，但同

〔註41〕新環境基金會、新竹市公害防治協會、台灣綠色和平組織、搶救水資源聯盟、主婦聯盟、台灣環保聯盟。季良玉，〈檳榔盒印上他的文宣？環保團體批評，宋楚瑜喊冤〉，《聯合報》，1994 年 11 月 19 日，第 6 版。

〔註42〕吳行健，〈趕場時車隊有如火戰車：灌高粱、嚼檳榔，真情流露朱高正高透明度〉，《聯合晚報》，1994 年 12 月 5 日，第 3 版。

〔註43〕郭淑珍、丁志音，〈茶行裡的檳榔客：嚼食檳榔的社會脈絡初探〉，《臺灣社會研究》第 63 期（200609）。

〔註44〕葛梅貞、李蘭、蕭朱杏，〈傳播管道與健康行為之關係研究：以嚼檳榔為例〉，《中華衛誌》，18 卷第 5 期，（1999 年）頁 349～362。

〔註45〕溫啟邦、鄭秋汶、鄭丁元、蔡旻光、江博煌、蔡善璞、詹惠婷、張晏甄、張新儀，〈國人嚼檳榔的現況與變化──探討嚼檳榔與吸菸之關係〉，《臺灣公共

樣被認為有健康危害的吸菸行為，卻不呈現與檳榔相同的走勢〔註 46〕，以及即便吃檳榔的族群，雖普遍接收過政府對檳榔健康的危害宣導，但仍然維持使用習慣〔註 47〕，卻在經歷人生的升遷或者需要顧及「形象」的情況下，自知要停止檳榔的嚼食行為，都可研判出，「不好看」、「低俗」、「髒」，這些被賦予的非科學的，純然主觀的道德形象，是社會上抉擇吃不吃檳榔的關鍵因素。因而，那逝去的一百萬人，有部分人是為了健康因素，有部分是對檳榔沒有功效上的依賴性，需要顧及形象的白領階級，故政府在檳榔與負面化形象的操作連結，是造成現今檳榔人口食用結構的改變的重要因素。

衛生雜誌》28 卷第 5 期（200910）。

〔註46〕郭淑珍、丁志音，〈茶行裡的檳榔客：嚼食檳榔的社會脈絡初探〉，《臺灣社會研究》第 63 期（200609）。

〔註47〕101 年「成人吸菸行為調查」及「健康危害因子監測調查」。

第四章 官方檳榔政策與社會態度

觀察歷代政權的政策、社會輿論，可描繪出檳榔在各時代地位的演變，以及檳榔如何被各政權作為政治操作的工具。

荷蘭時代，建立契約時，番人會以檳榔作為象徵，表示歸順〔註1〕，這是官方和檳榔少數會有直接接觸的時候，可以推論檳榔在荷蘭時期可能是被官方認可的信物。東寧王國時期對於檳榔的政策則尚缺文獻資料佐證，難以探知當時檳榔在社會中的面貌。

第一節 清朝與日本殖民當局對於檳榔的態度

一、清朝時代

清朝時代，未有資料顯示，國家機器曾經試圖禁絕民間食用檳榔，亦未見政權對於檳榔有政策上的宣示，但部分官方文獻資料，以及文人的文書資料，對於臺民食用檳榔的習俗，有偏向負面的記載，在這些中國人士的眼裡，臺民願意付出成本，嚼食檳榔的行為令他們不得其解，故有聚焦於食用檳榔會造成金錢浪費的文字記載，「無益之物，耗財甚多」〔註2〕、「日茹百餘文不惜」〔註3〕或者「歲靡數十千」〔註4〕，均著眼於臺民食用檳榔，造成不必要支出的現象。

〔註1〕尹章義，〈台灣檳榔史〉，《歷史月刊》35 期（1990 年 12 月），頁 78～87。
〔註2〕陳文達，《台灣縣志》（南投：台灣省文獻會，1993 年）頁 58。
〔註3〕丁紹儀，《東瀛識略》（臺北：臺灣銀行經濟研究室編，1957 年）頁 34。
〔註4〕王必昌，《重修台灣縣志》（台北：臺灣大通書局，1987 年）頁 403。

對於吃檳榔的形象，清朝文人也有如下的記載：「市人無老稚男婦，率面色鯨額，血不足肉，而貪著綺紈，坐起皆嚼生檳榔不去口，搖脣露齒，猩紅駭人。」〔註5〕。

穿著華麗衣賞的臺民，成天嚼食讓人滿口血紅的檳榔，令清朝的知識份子感到相當吃驚。「紅脣」可謂檳榔族給外人最深刻的印象，在清朝也是如此。

健康方面，或許當時沒有針對檳榔危害的醫學研究，固然也沒有出現如今「檳榔會引起口腔癌」的文字記載，但在易於觀察的層面──人的外貌影響上，倒是有人觀察到了嚼食檳榔的習慣，會造成牙齒崩壞的因果關係：「食之既久，齒牙焦黑；久則崩脫。男女年二十餘齒豁者甚眾。」〔註6〕。

不過這個說法，與部分田野資料指出，某些族群認為「吃檳榔，具有固齒、潔牙之效」的觀點相斥，我們僅以此呈現清朝知識份子對於檳榔的看法。

清朝官方除了紀錄臺民食用檳榔的風俗外，在制度上，介入檳榔文化的痕跡，就是稅收了。

清代，具有經濟生產力的活動，皆會受到課稅，檳榔也不例外，《清朝續文獻通考・征榷考・雜征》曰：「菜園、檳榔、番檨，莫不征餉。」〔註7〕，既列為課稅標的，可推估，此時的檳榔，已經不是單純自種自用的作物，而是種俱備買賣行為的經濟作物。檳榔當時的課稅方式，以有種植檳榔的農戶為單位，在稅制上的名稱與「番檨」〔註8〕相同，都稱為「宅」，《東瀛識略》載：「檳榔、番檨餉，二者以宅計；皆果屬也。住宅徵銀多寡不等，嘉義以北無徵。」〔註9〕。

課稅範圍北到嘉義，可能意謂當時的檳榔經濟種植行為，集中於南部地區，這與現在的情況無太大差異。黃佐君以檳榔的稅額判斷，檳榔在當時的利潤較其他作物為高，是一高經濟價值作物：

《續修台灣府志》記錄：

台灣府──「番羨檳榔：共四十四宅（每宅徵銀不等），共徵銀一百三十六兩。瓦窯：五座，共徵銀一十二兩五錢。菜園：三所，共徵

〔註5〕蔣師轍，《臺游日記》（大通書局有限公司，1957年）頁18。
〔註6〕朱仕玠，《小琉球漫誌.》（臺灣銀行經濟研究室，1957年）頁71。
〔註7〕劉錦藻，《清朝續文獻通考》（中國浙江：古籍出版社，2000年）。
〔註8〕「番檨」就是芒果。
〔註9〕丁紹儀，《東瀛識略》（臺北：臺灣銀行經濟研究室，1957年）

銀三兩。新陞當稅：銀五十兩。」

諸羅縣——「檳榔：二十四宅，共徵銀六十兩。瓦窯：五座，共徵銀一十二兩五錢。菜園：二所，共徵銀三兩。」

根據清代的賦稅資料顯示，栽種檳榔的宅戶，清代古文書契慣稱「檳榔宅」，全臺共有檳榔宅共 24 所，皆位於諸羅縣。此 24 所每年可徵銀 60 兩，平均每所檳榔宅徵銀 2．5 兩，較菜園徵一兩之稅，322 檳榔宅所徵之稅頗重。推測或與與檳榔買賣的利潤及具有高度的生產能力有關，因而成爲官方徵收重稅的對象。與一般單純做爲生活起居空間兼種植少許蔬果的『宅』並不相同」〔註10〕

　　故，在文獻中，即便我們能夠找到中國古代文人對於檳榔的負面化描述，但那是基於中國人對於異質文化所呈現的東方主義式的想像地理，並沒有顧及到當地人民的歷史脈絡和生存環境與食用檳榔的連結性。中國官方對於檳榔的態度，或許與文人的觀點相同，但在制度化規範上，則沒有顯見的罰則與限制，「課稅」，是我們能夠找到僅有的官方介入痕跡，檳榔在這個時期，雖不被鼓勵，但也任其發展，以檳榔作爲符碼的政治鬥爭，似乎沒有出現。

二、日本時代

　　日本時代，部分文獻在討論日本時代的檳榔處境時，會提到，日本人禁止臺灣人吃檳榔，例如「至於日據時代因爲日本人嚴厲禁止嚼食檳榔與種植，因此嚼食風氣逐漸衰弱。」〔註11〕或者如凃函君、蘇淑娟在〈台灣沿山地區檳榔業的生產空間與社會：以嘉義縣中埔鄉爲例〉所稱「日治時代，日本殖民政府基於健康與衛生的考量，反對台灣人民栽植檳榔，故 1921～1945 年期間，栽植面積與生產量趨減……」葛應欽在〈嚼食檳榔的文化源流〉云「日據時代，以法令配合警察也無法禁絕」；王蜀桂在《臺灣檳榔四季青》所述「日本時代，日本人對檳榔非常厭惡，不僅禁止人民食用，同時也砍了不少檳榔樹」。上述先行研究的共通點，就是簡略帶過日本時代的官方檳榔政策，未見引用來源，無從得知日本官方到底秉持何等理由禁絕檳榔？何年

〔註10〕黃佐君，《檳榔與清代台灣社會》，（新竹：國立中央大學歷史研究所在職專班碩論，2006 年）。

〔註11〕同前註。

開始禁絕檳榔？。查找《臺灣總督府及所屬機構公文類纂目錄》〔註12〕，總督府對於阿片的吸食有明確的規範，但對檳榔的食用卻沒有發現所謂的禁絕令。到底日本時代檳榔的處境為何？筆者以發行時間幾乎貫穿整個日本時代的《台灣日日新報》、《漢文臺灣日日新報》為本，探討日本時代，政府對於檳榔與政治操作的關連。

日本時代的檳榔政策，大體來說，是不鼓勵人民食用，雖然所謂「文人」和官方對檳榔沒好感，但在前期並沒有禁絕，檳榔也常成為日本時代的學者在臺灣人風俗習慣上的研究對象。

日本時代初期，在許多探討臺人慣習的文章上，會特別提到臺灣人嚼食檳榔的習俗，被視作異文化般的描述。而在臺灣人的社群中，日本時代初期，雖有人提出「吃檳榔，是臺灣人惡習之一」的說法，例如：1905 年《日日新報》，〈臺灣習俗美醜十則〉裡，有這樣的敘述：

> 人類寄生環球之上。散處五洲之中。鄉土各殊。氣習亦異。故一邑
> 一村。莫不自成一俗。而一俗之內。更有美醜之差。……欲美姿色。
> 嗜喫檳榔者。惡俗之七也。……〔註13〕

在投書者的看法中，吃檳榔與裹小腳、販賣人口等，同被視作臺灣社會應當改進的十大惡習之一，但僅是部分文人的觀點，事實上，在當時，檳榔已被視為臺灣的意象，以文化地景的姿態出現在某些詩文、俳句的創作中，例如描寫下淡水溪（高屏溪）景緻的：「鐵橋高架跨長虹。水自西流我自東。野鳥背人飛點點。江魚吹浪滾濛濛。遙村綠暗檳榔樹。斷岸青連蘆葦叢。一笑車窗詩未就。吟懷飽受曉來風。〔註14〕」。

1934 年，全島詩人大會，第二日首唱裡，吟詠嘉義的景色時，置入檳榔：「鶯花二月武巒西。野草漸教沒馬蹄。到處檳榔青繞舍。沿途楊柳綠垂隄。東風輕漾香湖暖。暮藹淡橫關嶺低。遙望玉山天外立。晶瑩積雪似玻璃。」〔註15〕。

不只臺灣仕紳，日本詩人也將檳榔帶入爛漫的意境中，例如橫堀鐵研，也將檳榔，視作南方島嶼的冬夜印象：「老天風死夜淒涼。酒易醒時感更長。

〔註12〕中央研究院臺灣史研究所《臺灣總督府及所屬機構公文類纂目錄》。（來源：http://sotokufu.sinica.edu.tw/）
〔註13〕許紫鏡，〈臺灣習俗美醜十則〉，《漢文臺灣日日新報》，1905 年 7 月 2 日。
〔註14〕魏潤菴，〈過下淡水溪〉，《漢文臺灣日日新報》，1923 年 3 月 17 日，第 3 版。
〔註15〕施性湍，〈諸羅春色〉，《漢文臺灣日日新報》，1934 年 5 月 23 日，第 8 版。

獒犬隔牆聲似豹。一痕寒月逗檳榔。」〔註16〕。

日本詩人簑島肱塘也認為，檳榔和水牛所搭配出來的地景，是南臺灣最普遍的奇景：「薰風五月雨餘天。短驛長亭綠若煙。　第一南瀛奇勝景。檳榔樹下水牛眠。」〔註17〕。

由此可知，在文人眼中，檳榔也可以是頗富詩意的，在社會共識上，檳榔不全然為負面形象。

但在官方的立場中，檳榔仍然是正式場合中不該使用的。臺灣縱貫鐵路開通儀式，日本皇族閑院宮殿下（親王載仁），來臺觀禮，總督府擔心臺灣人的表現失態，特別規訂了〈全通式注意事項〉〔註18〕以作規範，規範中除了明訂白癡和瘋子當天禁止外出（白痴瘋癲等。苟有精神異狀者。是日應不許外出。以表謹慎。）；獵人不要拿槍在鐵路沿線打獵（式場。御旅館。或所經道路。抑鐵道線路與其近傍。於相當期日內。不可為銃獵。）外，還特別列了一條「在拜觀或送迎之際。不許吸煙或嚙檳榔樹果。」

但開通式的檳榔禮儀規範，只是針對日本皇族蒞臨時的特別規範，在那次之後，並沒有常態性的禁絕檳榔，1910 年所發表的新款香菸「新高」，菸盒上除了玉山，還可見到檳榔，以代表這是「在臺灣發售的香菸」：

> 總督府專賣局。者番新製卷煙草二種。一名高砂。每包二十枚。價金七錢。一名新高。枝數如前。價金九錢。再數日間將分與市內煙店發售現高砂尚未配到。其款式不得而知。新高則與敷島相彷彿。包皮為黃色。四面畫新高山景物。配以檳榔樹其煙草悉係本島產。表面書明臺灣總督府專賣局八字。有煙癖者。皆以先嘗為快也。〔註19〕

日本時代由臺灣銀行印行的最大面額鈔票「一百圓鈔」，也看得見檳榔的圖案，陳柔縉記載：「各面額鈔票的背面，都印上鵝鑾鼻海邊及燈塔的圖案，唯獨百圓鈔的背面右方，還多了濃綠的檳榔樹，於是民間戲稱為青仔欉（冒失鬼）〔註20〕」

〔註16〕橫堀鐵研，〈冬夜偶感〉，《臺灣日日新報》，1896 年 12 月 27 日，第 1 版。

〔註17〕簑島肱塘，〈濁水汽車中口號〉，《漢文臺灣日日新報》，1908 年 5 月 23 日，第 1 版。

〔註18〕〈全通式注意事項〉，《漢文臺灣日日新報》，1908 年 9 月 27 日，第 2 版。

〔註19〕〈新製卷煙草〉，《臺灣日日新報》，1910 年 6 月 23 日，第 5 版。

〔註20〕陳柔縉，《人人身上都是一個時代》（臺北：時報文化，2009 年）頁 216。

圖7　日本時代「一百圓鈔」

資料來源：陳柔縉，《人人身上都是一個時代》（臺北：：時報文化，2009）
　　　　　頁216

　　可與玉山並陳於官方出品的菸盒上；能夠與鵝鑾鼻燈塔燈等台灣景物，
同登面額最大的鈔票圖案，檳榔在此時肯定不是被日本政府深痛欲絕的對
象，而是將檳榔視爲臺灣的特殊景致之一。

　　到了 1931 年，檳榔已成爲東臺灣的「殖民地景了」，在教導日本移民開
發移民村的作物栽培建議上，檳榔和同科的棕櫚樹，都被列在其中〔註 21〕，
可見到了1930 年代，日人不僅沒有禁絕臺灣人種植檳榔，甚至指導來臺灣開
墾的日人，如何種植檳榔。

　　在醫學研究方面，1933 年杜聰明、邱賢添發表了檳榔鹼 Arecolin 的藥物
學作用，杜聰明自稱是世界上首位發現 Arecolin 的研究者，南洋支那人常吃
檳榔正是因爲檳榔含 Arecolin，可讓胃液分泌旺盛，是讓牙齒變強的自然保健
方法。〔註 22〕日籍學者的實證研究也得到，「檳榔可驅蟲、防範流行病、減少

〔註21〕〈東臺灣に於ける　内地人移民村を更生せしむべき一管見（四）／（E）檳
　　　　榔子棕梠等の栽培〉，《臺灣日日新報》，1931 年 6 月 8 日，第 5 版。
〔註22〕〈檳榔樹の實は保健によい，杜聰明博士は語る，代船恒春丸入港〉，《漢文
　　　　臺灣日日新報》，1933 年 4 月 12 日，第 n02 版（大阪大學張家禎協助翻譯）。
　　　　邱賢添，〈檳榔種子有效成分 Arecolin ノ藥物學的研究竝ニ二三副交感神經毒
　　　　卜ノ比較との比較試驗〉，《台灣醫學會誌》，第 32 期（1933 年）。

口渴、抑汗、增加食慾、強固齒牙無齲齒……防範結核等傳染病、血壓正常、因摩擦牙齒和分泌唾液可加強清潔，減少蛀齒，但會磨耗齒和助長齒槽漏膿和「黑齒」現象」〔註23〕，雖然當時已經得知檳榔可能會造成牙齒的受損，但尚不構成禁止食用的理由，且黑齒本就為南方文明普遍接受的審美標準，日本政府原本也不會以黑齒作為禁絕臺民吃檳榔的立論。

但日人對於檳榔的態度，在1937年左右起了重大變化。本於1936年5月，嘉義一帶的檳榔還呈現豐收〔註24〕，但到了1937年年初〔註25〕，檳榔忽然變成「因為時勢之推移，現只保存為觀賞用……每年採算不和」的觀賞作物，並且「自是嘉義是名產之檳榔樹，將見消滅云」，官方開始補助，以白柚、文旦取代檳榔，但報導中宣稱「每年採算不和」的檳榔，政府輔導農民轉作，居然還要「與栽培者懇談後，以得其諒解」，才說服農民放棄種植檳榔，且轉作的作物被限定在柚子、文旦，農民無法自己選擇，以上種種跡象，均違反常理。往後，在當年中開始出現了為了衛生理由，改正番人吃檳榔習俗的作為〔註26〕，甚至直接坦言因為皇民化，覺醒的農民放棄種檳榔，改種熱帶水果的新聞〔註27〕，皇民化越來越盛，對於檳榔的言詞也日趨嚴重〔註28〕，直接抨擊吃檳榔是惡習，除了將檳榔轉作為熱帶水果，荖葉田也為了「消除吃檳榔的惡俗轉作為水田」〔註29〕，不過在這段時期，被強迫轉作為水稻的荖葉田，其稻子收成不久之後，日本就戰敗了。這期間，檳榔業雖被鼓勵轉作，但實際上是沒有全面被禁絕的，隨著戰情熱烈，檳榔還

〔註23〕 沈佳姍，〈戰前臺灣黑齒習俗流變初探〉，《臺灣原住民研究論叢》10期（2011年12月）。

〔註24〕 〈愛玉子檳榔干，短銷價跌〉，《漢文臺灣日日新報》，1936年5月21日，第n04版。

〔註25〕 〈對嘉義三部落，種熱帶果代檳榔樹〉，《漢文臺灣日日新報》，1937年2月2日，第8版。

〔註26〕 〈屏東郡下の社衆が檳榔嚙みを廢止弊風打破、衛生の見地から漸次全蕃社に普及〉，《臺灣日日新報》，1937年3月26日，第9版。

〔註27〕 〈皇民化の徹底で頑固な農民覺醒竹林や檳榔樹畑が熱帶果樹園に變る〉，《臺灣日日新報》，1938年1月8日。〈檳榔嚙む『荖藤を』農民は栽培せぬ　北門の田舍にも皇民化〉，《臺灣日日新報》，1940年9月1日，第5版。

〔註28〕 〈藤の栽培者が特殊作物に轉向檳榔子喫食の惡弊助長の『特產』に訣別〉，《臺灣日日新報》，1939年7月19日。

〔註29〕 〈荖葉畑を水田化す　檳榔嚙みの惡風も一掃〉，《臺灣日日新報》，1944年3月1日，第4版。

被定位成工業用品〔註30〕，成了軍需品的替代原料〔註31〕，藥品的提煉來源〔註32〕，檳榔業在戰況吃緊之時，也配合國策，成立了「臺灣荖葉檳榔組合」〔註33〕。

綜觀以上資料，檳榔一直都是當時社會上，富有臺灣意象的植物，不論民間或者官方，都曾把檳榔視作臺灣的正面特色。儘管部分人士為文批判吃檳榔是臺灣人的惡習，但那純屬主觀評斷，所秉持的理由大多不離「吃檳榔牙齒會黑，脫落，難看」這類東方主義式的論調，要以此禁絕檳榔，恐怕尚欠科學，況且檳榔的醫學研究，首先分析檳榔成分，在阿片禁絕運動上不遺餘力的杜聰明，認為檳榔鹼具有醫學上的功效，故，根據醫學論點禁絕檳榔也尚無基礎，綜觀整個日本時代，1937年前，政府的檳榔政策並沒有強硬的措施，所抱持的觀點，偏向檳榔是個日本人所沒有的臺人風俗，雖不上相，但也沒有太大危害，尚無需要被消滅的急迫性。

1937年後，檳榔政策有急遽改變，根據各年代報導的脈絡，檳榔論述忽然生硬的轉變為負面的，顯然與小林躋造所率領的總督府，為因應戰事，抱持「皇民化、工業化、南進基地化」治臺態度使然。檳榔與歌仔戲、漢字一樣，都成為「被皇民化」的目標，所背負之惡，乃其為臺灣文化的象徵，需要被去除，宣導戒掉檳榔的情形確實發生過的。但以當時的檳榔轉作熱帶作物之情形分析，檳榔身為臺灣文化的象徵而遭到皇民化，可能只是一個牽強的藉口。被「皇民化」的檳榔園、荖葉園，農民無從自願選擇轉作作物，只能接受日本當局核准的作物種植，可一窺背後所隱藏的計畫式經濟作為，將能夠補充能量、填飽肚子的熱帶水果、稻米，取代「無益飢飽」的檳榔，因應日漸吃緊的戰況，才是禁絕檳榔的主要原因，但此禁絕，並非全面性的。

〔註30〕〈工業用檳榔子實ノ最高販賣價格指定〉，1944年1月1日臺灣總督府及所屬機構公文類纂目錄　中研院臺史所。來源：http://sotokufu.sinica.edu.tw/dore/listm.php

〔註31〕〈檳榔でスリッパ復も代用品に凱歌〉，《臺灣日日新報》，1939年9月13日，第5版。〈檳榔樹の皮で　立派な靴の數皮　又復代用品に凱歌〉，《臺灣日日新報》1939年12月2日，第5版。〈好評、檳榔のスリッパ　百萬足を目差し工場新設計畫〉，《臺灣日日新報》，1940年8月6日，第5版。

〔註32〕〈檳榔實の集荷統制　單寧資源として活用〉，《臺灣日日新報》，1943年7月27日，第2版。

〔註33〕〈臺灣荖葉檳榔組合の創立總會開〈〉，《臺灣日日新報》，1943年4月27日，第4版。

當時的日本政府，各項物資缺乏，尚須檳榔作為工業、醫療材料的來源，故還保有檳榔種植的需求，才會見到學者所述，雖然檳榔產量日漸減少，但到了終戰時，還保有原先（1921）四分之一產量的情況，也會出現二次大戰時期的 1943 年，還有「檳榔組合」的創立。假若全面性的禁止檳榔栽種；嚴格杜絕臺灣人吃檳榔之風，並不需要檳榔組合計畫性的進行檳榔轉作，只需要號令當下立即全面禁種即可。

　　總結以上，日本時代的檳榔政策，前期並沒有太強勢的作為，社會風氣對於檳榔的感受也相當能夠與土地連結，甚至官方觀點也不全然對檳榔抱持負面化的評價。待皇民化時期，才以檳榔為作文化符碼，將之打成弊習，以此為手段減少檳榔的食用人口和栽種面積，將檳榔產業的土地資源，計畫性的分配給工業原料和營養作物之用，以滿足戰爭時期急切性的原物料需求。

第二節　戰後國民黨政府的檳榔政策與社會輿論

　　1994 年十二月，政府終於出手，將檳榔視作一個社會問題，聯合行政院各部門，召開「檳榔問題防制會報」，研提「有關檳榔危害防制工作及協調誇部會共同作業」，並在，1996 年，由衛生署主導，召開「研商檳榔管理計畫（草案）及相關單位分工」會議。此次會議，研擬出一部橫跨「農委會」、「內政部」、「教育部」、「財政部」等，各部會適用的《檳榔問題管理方案》，「這個方案列舉了檳榔所帶來的四大問題（包括：個人健康、自然生態、公共衛生和社會秩序），並且主張「不應鼓勵嚼食檳榔」。行政院因而責成各個政府部門利用各種辦法解決『檳榔問題』」〔註34〕。至此，檳榔正式成為一個「法定」的「社會問題」。「破壞水土」、「妨礙社會秩序」、「有礙衛生」、「危害健康」等口號，成為「主旋律」。政府各部門，開始以《檳榔問題管理方案》，為準則，在各自的領域中，對「檳榔問題」做出限制、規範，中研院研究員林富士指出「……於是乎，「檳榔有害」便成為台灣社會的主流價值，行政院衛生署也開始宣導有關檳榔的「正確」知識。〔註35〕」。《檳榔問題管理方案》的實施，是檳榔文化與政府政策相衝突的濫觴。

〔註34〕林富士，〈檳榔入華考〉，《歷史月刊》186 期（臺北：歷史智庫出版股份有限公司，2003 年 7 月）頁 94～100。

〔註35〕同前註。

一、檳榔政策

戰後，國民黨政府遷臺，對於檳榔的管理並沒有特別作為，任農民自立發展，沒有輔導檳榔的種植，但也不多加限制，直到 1980 年代，檳榔的產值已經成為所有果類產品最高者〔註 36〕，許多農民棄原作物轉作檳榔，政府無法忽視；當時雖然還未被證實，但檳榔和口腔癌的關連性開始被提出，引發注意。檳榔該不該禁的爭論，在 1980 年代浮現。此時主要的爭議在於健康與形象問題，但當時的檳榔危害論，基礎還相當薄弱，比較篤定的說法，尚處在「嚼含菸草的檳榔」、「同時吸菸與嚼檳榔」對人類有致癌性，單獨食用檳榔是否真的會致癌？則沒有確切的定論。〔註 37〕2003 年國際間才宣布單純食用檳榔會引發癌症〔註 38〕。

1990 年代，臺灣社會來到威權解構的階段，鄉土意識熱烈，經濟發展蓬勃，環境的開發利用也來到了空前，許多此前從未發生過的事件，降臨於時代之中。例如 1996 年的賀伯颱風，讓臺灣人見識到土石流的威力〔註 39〕，土石流的可能原因很多，但檳榔被特別提出。威權解構、鄉土認同盛行，造成個人意識抬頭，檳榔成為自身的標榜、族群的識別，以及選舉場合的必備品。政治人物、一般市民都吃檳榔，又逢經濟熱絡的年代，談生意，勞動場合，都會食用檳榔。威權解構後所帶來的社會變化，價值觀的更迭，本就會引發討論，外顯易觀察的檳榔西施也成為所謂的「問題」來源，在媒體百家爭鳴的年代，時常成為被注目的對象。

於是 1990 年代開始，檳榔除了 1980 年代即被注意的健康問題，又加入了水保、社會問題，越趨複雜，政府也在 1997 年，制定了〈檳榔問題管理方案〉，使得日本時代之後，自立自強的檳榔產業，再度面臨公權力的介入。

目前針對檳榔的專門法令有〈檳榔問題管理方案〉、〈檳榔產業專案種植登記作業〉、〈廢園獎勵〉，以及其他包含在各領域法律底下的有關於檳榔的規範。

雖然檳榔在臺灣種植的時間，已留傳數代，但 2007 年前，檳榔始終不被

〔註 36〕林煒煜，〈檳榔站在叉路口〉，《豐年半月刊》40 卷第 5 期（1990 年 3 月）。
〔註 37〕葛應欽，〈嚼食檳榔與口腔癌之疑問〉，《健康世界》163 期（1999 年 7 月）。
〔註 38〕衛生署福利部國民健康署。（來源：http://www.hpa.gov.tw/BHPNet/Web/Healthtopic/Topic.aspx?id=201109140001）
〔註 39〕楊致中，〈神木村！賀伯風災土石流 10 週年〉，《TVBS 新聞》，2006 年 7 月 15 日。（來源：http://news.tvbs.com.tw/entry/358124）

官方視爲「農產品」。「農委會的檳榔政策出現大轉變，由於農民團體不斷要求，農委會將承認檳榔爲『農產品』，未來會對產銷作業先調查、輔導，再設法推動農民轉種植其他作物。」〔註40〕。

在此之前，檳榔不被視爲「農產品」，連帶影響得，就是所謂「檳榔農」的權益，不受政府的保障。檳榔價格的起落，完全仰賴民間自行決定，即便檳榔的批發價格，出現異常，檳榔也不能像其他農產品一般，由政府介入市場作調查；檳榔的種植技巧，也較難接受「農業試驗所」、「農業改良場」等農政單位的指導。更有甚者，因爲檳榔不算是「農產品」，在風災過後，即便有損失，也不適用於〈農業天然災害救助辦法〉，所有的災損，由農民自行負擔，這點對於農民而言，喪失的保障不可謂不大。檳榔不列入農產品，對於檳榔產業適用的農藥沒有清楚的規範，恐怕對食安造成疑慮。檳榔資材業者陳先生表示：

> 筆者：你作資材，你看過很多檳榔相關的農民，你認爲，政府對於檳榔的態度，是打壓呢？還是？
>
> 陳：前幾年政府和荖葉，有三不政策：不輔導、不鼓勵（按：第三不沒說，但應該爲「不禁止」），阿這一兩年，因爲這是壯大臺東的產業，可能有一些民意代表有去講話，所以正式納入爲作物了。如果說打壓的話，之前比較不像釋迦阿，有技術上的給你輔導，還有資材上給你去用啦！現在荖葉荖花可以用得農藥又少，差不多三、四支而已，但荖葉、荖花有納入災害補助啦！就是說對你的肥料，或者設施打壞了，網子阿，都有補助，阿你在五六年前，這些都沒有。〔註41〕

就連檳榔的病蟲害，農藥殘留問題，政府也礙於社會輿論不介入輔導，要使用者自己把關：

> 台灣省各地的檳榔樹傳出發生病蟲害，「紅唇族」可能吃到殘留農藥的檳榔。台灣省農林廳主任秘書林義祥表示，農政單位不鼓勵農友種植檳榔，即使有病蟲害也不會去研究防治，只能從旁瞭解。且政府一再倡導禁食檳榔，「紅唇族」嚼食檳榔會不會吃到有殘留農藥的

〔註40〕孫蓉華、陳惠惠，《聯合報》，2007年6月22日，第A6版。
〔註41〕訪問對象：陳先生，訪問時間：2012年1月8日，受訪者身分：農業資材業者（華隆農業資材行）家族種荖葉，曾經在臺東農改場當過約顧人員。

檳榔，自己最好留意。〔註42〕

檳榔的食用、種植，雖然遍及全島，但政府並不對檳榔提出鼓勵的態度，「政府一向不輔導種植，亦不鼓勵民眾嚼食」〔註43〕，除此之外，檳榔身爲農作物，但其「農損」、「災損」，的補償程序，更是較其他農作物困難。舉例來說：2009年莫拉克風災過後，農作物損失達49億9千八百20萬元〔註44〕，但屏東地區，卻有檳榔農，因未辦妥〈檳榔產業專案種植登記作業〉，而不適用於〈農業天然災害救助辦法〉，造成同是農業災害，卻無法向國家申請救助的局面。

春暉專案：在教育體制中，政府透過「春暉專案」、「防制檳榔──校園無檳」等專案來推動檳榔的禁絕。春暉專案的主辦單位──教育部的軍訓系統，把檳榔與「愛滋病」、「毒品」、「酗酒」、「吸菸」等，「各類戕害身心因素」〔註45〕一同放在防治對象中：

> ……防制學生「濫用藥物」、「消除菸害」、預防感染「愛滋病」，並宣導「酗酒」、「嚼食檳榔」之害處，以維護學生健康，促進身心正常發展，爲國家培育優秀青年奠定成功基礎。〔註46〕

以上引文所表達的內容，普遍於臺灣教育體制中，只要是在近幾年，接受過義務教育的學生，沒有人能夠錯過這般的宣導，類似的文字內容，可謂臺灣人必經的社會化（Socialization）過程。文中雖然強調「培育優秀青年奠定成功基礎」，但宣導的對象則不僅於高中以上的教育體制，而是一體適用，往下直到小學教育，都得接受宣導。

小學教育，正是人生接觸到「體制」的開端，在此之前，學童的思想準則，通常以家庭爲依規，家中以檳榔產業爲生的學童，在還沒進入體制之前，檳榔對他們而言，應當是再熟悉不過的事物，未進入體制前的學童，並不會特別去思考「檳榔」所帶有的「善」、「惡」問題，但一進入體制後，就得接受與家庭完全相反的觀念，在筆者的田調訪問中，即有家中種植檳榔的受訪

〔註42〕 唐福春〈各地檳榔樹傳有病蟲害　農林廳無意研究防治〉，《聯合報》，1992年8月19日，第15版。

〔註43〕 《加入WTO農民宣導資料　檳榔》行政院農業委員會2011年11月1日。（來源：http://www.coa.gov.tw/view.php?catid=979）

〔註44〕 《立法院公報》98卷68期，P.92。臺北：中華民國立法院。

〔註45〕 台南市東區崇學國小一百學年度「春暉專案」實施計畫，2011年，臺南市，崇學國小學務處。

〔註46〕 〈南市教學字第09312532960號函〉20040726，臺南市，臺南市教育局。

者表示，在還沒有進入小學前，他從來都不知道外界對於檳榔的印象是不好得，因而心中產生了疑惑：

> 我：你個人何時知道，外界的人其實對檳榔的印象是不好得？
>
> 李先生：讀冊開始。
>
> 我：所以讀冊開始之前，你都不知道檳榔是不好得？所以是學校教育開始讓你知道原來有人覺得檳榔不好？
>
> 李先生：對
>
> 我：你當時會認為，這個觀念和你的家族有衝突嗎？
>
> 李先生：不會耶！但還是會覺得這是不公平的。〔註47〕

　　體制內，欠缺考量文化和家庭背景的的反檳榔宣導，沒有顧及到，檳榔身為一個本土產業，許多學童的家長，從事相關工作，等於是讓獨立思考尚未健全的學童，在小學階段，接受與家庭經驗相衝突的資訊，或許會產生「為何要靠危害健康的檳榔來賺錢？」的疑問，或者，在老師與家長之間，有著「何者才是可以信服？」的猶豫之中。這也可能讓來自家庭中沒有檳榔經驗的學童，接收檳榔的負面資訊，而沒有機會思考檳榔與臺灣的脈絡關係，對於檳榔產業家庭的小孩產生負面認知。

　　不論是來自靠檳榔維生的家庭子弟，或者是來自家庭沒有檳榔經驗的子弟，都有可能，在國家機器（state apparatuses）對檳榔負面化的教育宣導之下，對於來自不同家庭的同儕、從小信服的家長，產生認知上的差異，而感受到文化震撼（cultural shock），造成思想上的衝突。這種以單一的，欠缺相對觀點的教育方式，真能讓學子「促進身心正常發展」？恐怕還有待商榷之處。

　　檳榔政策也影響到學校的校規，在某些學校，同樣是違反校規，抽菸與吃檳榔的罰則不同：「……竹工教官室表示，學校規定抽菸、嚼檳榔都是違反校規的行為，抽菸要記小過、嚼檳榔則要記大過……」〔註48〕。

　　1989 年第一個規範檳榔販賣、食用的少年福利法〔註49〕，對於未成年者吸菸和嚼檳榔的行為，罰則相同，並無差異，但在校規之中卻嚴重了三倍，理由明顯與「檳榔比抽菸更具備負面形象」有關聯，這也是春暉專案所造成

〔註47〕筆者的田調訪問，受訪對象，李先生，2012 年 1 月 8 日。

〔註48〕洪美秀，〈抽菸抓很兇 夜校生抗議〉，《自由時報》2010 年 3 月 23 日。（來源：http://news.ltn.com.tw/news/local/paper/381879）

〔註49〕少年福利法，第 18、25 條。

的影響，到底吃檳榔與吸菸誰罪加一等？已經不是科學的健康問題，而是形象的論述問題，依賴檳榔產業為生的人口較菸草業為眾，這些家庭的子弟在教育中，接受的盡是否定其生長歷程的反檳榔資訊，長輩靠檳榔賺取收入，供應子弟就學，卻在學校中暗示他們，從事檳榔產業的長輩們，是社會的危害者，針對學生檳榔使用習慣的調查，也有意牽引到食用檳榔等於「品行不良」、「壞學生」、「成績不佳」的連結裡，如同林崇熙所提出的：

> 檳榔論述一方面不會讓嚼食檳榔者發聲，也不會檢討「會念書就是好學生 vs.不愛念書就是壞學生」的刻板印象，另一方面則將絕食者抽離絕食檳榔的歷史環境與社會情境，無須關照絕食者的心境與所處社會結構，而將嚼食者化約為一個個統計數字……來將檳榔化約為社會階層低下、社會成就低落、社會行為偏差等面向，從而對「檳榔論述」予以強化再生產。〔註50〕

　　教育體制所宣傳的檳榔論述，忽略了實際接觸者的生活經驗，不讓實際接觸者有發聲的權利，讓其提供檳榔文化的多元面向；忽略檳榔在臺灣長遠的歷史發展，歷史發展在教育體制的論述中，只剩下「陋習」這樣的觀念。以上因素，使得檳榔在體制的說法中，成為扁平人物般的存在，形塑的性格只剩下「檳榔是不好的東西」，如此單一性的印象，抹煞了其所蘊藏的，深厚的文化脈絡，讓學子在教育中失去了理解生長環境事物以及臺灣歷史的機會。

　　健康捐：檳榔健康捐是歷代政權前所未見的新制度，2009 年被提出〔註51〕，尚處研擬階段，其開辦有一定的困難度，檳榔與香菸不同，種植檳榔不需要政府的特許，從源頭就難以控管檳榔的數量；檳榔的來源大部份都來自臺灣本地，無法比照菸草，從關稅控管；檳榔攤的流動性大，也不需要專賣憑證，無法掌握實際的銷售數量，故政府尚未研擬出相關辦法，筆者所訪談檳榔業者對於健康捐的看法，也無法理解政府要如何課徵健康捐：

> 這是不公平的，你沒有對我們有幫助你還要對我們課這種稅，你根本就是不想讓我們做生意嘛？而且你要怎麼課這種東西，檳榔的價格又不固定，很難課。但我覺得這是不太可能的。〔註52〕

〔註50〕林崇熙，〈檳榔、知識、與社會正義的辯證〉收入《台灣鄉村社會學年會暨空間不平等與社會包容學術研討會》，台北：台灣鄉村社會學會，2004 年 9 月。

〔註51〕羅淑蕾，〈請政院研擬對檳榔開徵健康捐以降低財政負擔及國人戕害〉，《立法院公報》，98 卷 3 期（2009 年 1 月 6 日）。

〔註52〕馮先生　檳榔盤口，家族從事檳榔產業逾 60 年。訪問時間：2012 年 1 月 8

　　健康捐是政府打造一個沒有檳榔的「美麗新世界」的手段，但檳榔產業和臺灣各階層牽涉甚廣，假若以維護社會健康之名實行，卻忽略了從業人員的生計與感受，恐淪為帶有總體主義（totalization）色彩的政策。

　　廢園轉作：廢園轉作是根據農委會〈檳榔園廢園、轉作作業規範〉所制定的一項減少檳榔種植面積的作法，主要的方式，是對於廢耕檳榔園者提出獎勵，並補助轉作無產銷失衡之虞的作物之苗栽和經費，既可達到政府減少檳榔的目的，也可維持檳榔農的生計，但此方式並不為全部的產農接受，產農子弟表示：

> 筆者：對於政府希望你們不要種檳榔，或者希望你們能夠轉作，你的看法如何？
>
> 阿忠：希望不要種，但也不會強制，因為那樣很多人都會失業，轉作方面，因為很多人種檳榔已經很久了，年紀也老了，他們也不願意。」〔註53〕

　　除此之外，種植檳榔本身具有「收益高且穩定」、「生產成本低廉」、「省工」「有檳榔筍等高價副產品」的優勢，其他農產品不一定具備這些優勢，甚至部分檳榔農，是配合政府政策，在當初政府鼓勵稻田轉作的年代，選擇好種又意賣的檳榔「棄稻轉檳」〔註54〕，才開始檳榔農的生涯，因而發現檳榔較水稻為合適，產農子弟阿忠的家族即屬這種情況：

> 筆者：一開始為什麼你家要種荖葉
>
> 阿忠：之前，是從種稻子開始吧，後來才種荖葉，因為種荖葉的經濟價值比較高，並且荖葉的收成一年可以好幾穫，你看，如果種稻子，一年只能兩穫，這一個月就可以收兩次。〔註55〕

故轉作固然有其美意，但尚不是個完全考量到實際面向的辦法。

二、檳榔危害論

　　檳榔危害論的提出，早期僅止於主觀的形象爭議，檳榔是否會得口腔癌

日，地點：臺東。

〔註53〕訪問對象：阿忠。訪問時間：2012年1月7日。受訪者身分：荖葉農第三代。耕作地點：安東。受訪地點：臺東市。

〔註54〕林煒煜〈檳榔站在叉路口〉，《豐年半月刊》，40卷5期（1990年3月）。

〔註55〕訪問對象：阿忠。訪問時間：2012年1月7日。受訪者身分：荖葉農第三代。耕作地點：安東。受訪地點：臺東市。

的說法，在 2000 年代以前都沒有定論，醫界觀察到吃檳榔者，似乎特別容易引口腔癌上身，但原因尚未釐清，部分學者認為，是檳榔的添加物引起口腔癌，檳榔本身有益身心，比如 1970 年有〈嚼檳榔有益人體吞石灰非常不智〉〔註56〕的報導，連當時的省主席都表示「省主席邱創煥不久前答覆省議員質詢時曾表示，台灣民眾嚼檳榔的習慣由來已久，其中更不乏長壽老人，因此醫學界以嚼檳榔易得口腔癌的說法，無法「嚇阻」檳榔客。」〔註57〕。到了 1980 年代，此時檳榔已經成為產值最高的作物，政府站在稅收的立場，必須想辦法從檳榔產業獲取利益，農林廳還在為了是否推廣檳榔煎熬，對於農業單位而言，檳榔使得「農家收益特別高，這些農家再也不需政府給予補助、補貼或保價收購農產品，使政府減少一部分農業問題壓力」〔註58〕，當時的農業單位深知檳榔帶給官方的好處，且禁絕會引起更大的問題，政府不僅不該禁絕，還該從檳榔產業獲取稅收，但礙於輿論，官方難以名正言順的執行檳榔的課稅，於是 1989 年的省政府，研擬出以壓制檳榔食用為名，行課稅之實的策略，既可讓政府博取名聲，又從中得到稅收：

> 目前，省衛生處正針對市售檳榔可能添加興奮劑、中藥等問題，研擬專案抽驗計畫，該處並已通知各縣市衛生局，先針對檳榔攤的環境衛生加強管理；建設廳則要求縣市工商課依「攤販管理規則」，對妨害交通的檳榔攤加強取締；省稅務局正調查檳榔的原料產銷等資料，做為將來課稅依據。〔註59〕

這是臺灣政府既宣傳檳榔危害，卻又在檳榔產業獲取利益的兩面手法的雛型，若干年後，才衍生出更制度性的〈檳榔問題管理方案〉，延續此兩面手法。

根據檳榔問題管理方案，檳榔所造成的危害有四項：

> 一是個人健康(嚼食者會增加罹患口腔癌的風險)；二是自然生態(種植氾濫會嚴重影響水土保育)；三是公共衛生（檳榔殘渣會污染環

〔註56〕〈嚼檳榔有益人體，吞石灰非常不智〉，《聯合報》，1970 年 3 月 13 日，第 3 版。

〔註57〕賴淑姬，〈管不了「吃檳榔」，只好管管「銷售者」〉，《聯合報》，1989 年 7 月 7 日，第 15 版。

〔註58〕黃玉峰，〈檳榔　要不要改良推廣？省農林廳　不置可否〉，《聯合報》，1989 年 4 月 16 日。

〔註59〕賴淑姬，〈管不了「吃檳榔」，只好管管「銷售者」〉，《聯合報》，1989 年 7 月 7 日，第 15 版。

境）；四是社會秩序（風俗）（林立的檳榔攤及『檳榔西施』招徠生意的行為，不僅占用道路，也會破壞社會「秩序」）。〔註60〕

企業家王永慶，對於檳榔文化曾提出以下看法：

> 當前台灣社會吃檳榔的紅唇族文化，不但造成嚼食檳榔者身體健康受害，而且不雅的個人形象和街頭景觀，也會受到外人輕視，尤其經過這次颱風來襲，引發山崩及土石流，釀成巨大災害以後，已經造成人心惶惑不安，將來凡是遇有豪雨，都將引起憂慮擔心，唯恐再遭災禍，可謂貽害至深。針對此一問題，如果我們的立法院能夠基於使命感所在，起而主動制訂法令，規定全面禁食檳榔，或者加以必要之合理限制，促使嚼食檳榔的情形大幅減少，是則不但國人健康可以獲得較佳之保障，健保醫療費用開支也能夠獲得相當程度的節省，而且廣大的山坡地不再種植檳榔，可免水土流失之患，尤其若是善加利用以後也能創造收益，使節流和開源兩相兼顧，何樂而不為。據所了解，新加坡連口香糖都禁了，我們若是要禁止或是限制嚼食檳榔，無論是在法律上或道德上，都比禁口香糖具有更高的正當性，只要願意下一番功夫去推動，應該是可以做到才對。但是很可惜，我們的立法院似乎並無感受這是份內職責所在，任其紅唇族文化長期在國內社會蔓延，不斷製造種種嚴重的傷害及損失，實在令人扼腕。〔註61〕

1997 年王永慶支持的南海文教基金會，在 TVBS 放送的公益廣告〈疼惜土地，疼惜生命〉，其內容剪接賀伯颱風引發土石流的畫面，「將臺灣乾旱、豪雨成災、土壤流失、環境汙染、社會風氣敗壞，甚至家破人亡全歸罪於檳榔……南海文教基金會另一支反對檳榔的廣告，更誇張的傳達『嚼檳榔嚼到家破人亡』……」〔註62〕

政府、指標性企業家、媒體，合唱檳榔對個人健康、自然生態、公共衛生以及社會秩序等有所為害的四大主旋律，顯然對於社會輿論有重大影響，但檳榔何以在 1990 年代變得如此之惡？此前曾經討論過，1930 年代，日本

〔註60〕轉引林富士〈試論影響食品安全的文化因素：以嚼食檳榔為例〉，《中國飲食文化》10 卷 1 期（2014 年 4 月）。

〔註61〕〈創辦人的話〉，台塑關係企業官網。（來源：http://www.fpg.com.tw/html/abu/abu_pdw_dtl11.htm）

〔註62〕王蜀桂，《臺灣檳榔四季青》（臺北：常民文化，1999 年）頁 227～228。

政府因應戰事而對檳榔冠上惡名，以方便政府移轉檳榔產業的資源作爲軍需用途，1990 年代開始的反檳榔論述，是否也可以摸索出類似 1930 年代反檳榔的脈絡？反檳榔論者時常提及的水土保持問題，論點在於檳榔根系短淺，沒有主根，抓土能力差；樹冠範圍小，樹下土壤接收的落雨量大，易被侵蝕。〔註 63〕也有學者〔註 64〕提出檳榔造成地下水流失，使得屏東地區海水倒灌的說法。檳榔造成水土保持破壞的說法，源起於颱風的危害，首次將檳榔與水土保持連結的事件可能爲西元 1990～1994 年的歐菲莉、黛特和提姆颱風，颱風引起的土石流衝擊住家，引起災害，媒體懷疑，濫墾可能是這幾次颱風造成水土保持的破壞的主因〔註 65〕，西瓜、茶樹、檳榔等都有可能是濫墾造成災害的作物。1990 年，監委谷家華明確指示農委會應該要管制檳榔的種植〔註 66〕，但沒有提及其他作物也應該被管制。社會大眾廣泛認知檳榔會破壞水土保持，是從 1996 年賀伯颱風之後。當時民眾首次從電視上見識到土石流的威力，進而讓水土保持的議題受到民眾的重視，土石流是經濟政策忽略環境，過度開發引來的歷史共業，這與任何過度開發山坡地的舉動皆有關聯，楊國禎指出〔註 67〕，檳榔的水保功效，實際上不會比其他種在山坡地的果樹、茶樹差，檳榔是常綠樹，水保效果理應較梨子、水蜜桃這類的落葉樹好；檳榔的根系長度與其他果樹的差異並無太大差異，指出政府不斷宣傳的，「檳榔根系短淺」的論點，是人云亦云的錯誤說法，「檳榔的水保效果較原始林差，但並不表示檳榔的水保效果比其他的農作物差」。宋楚瑜也曾經指出：「土石流不能怪檳榔，政府遷台前，人口僅有五百多萬人，如今人口已有二千三百多萬人，從事大地經濟開發，大地受不了，因此如何面對天然環境，要有配套措施，不是砍檳榔就可解決問題的。」〔註 68〕。

〔註 63〕 張敬昌，〈檳榔根系分佈及根力之研究〉（臺中：國立中興大學水土保持研究所碩士論文，1993 年）。

〔註 64〕 臺大森林陳信雄。

〔註 65〕 王宛茹，〈與河爭地代價幾何？青山不再洪水橫流〉，《聯合晚報》，1990 年 9 月 21 日，第 4 版。

〔註 66〕 林如森，〈一個造成地層下陷　一個破壞水土保持，魚塭　檳榔樹　監委掛在心頭〉，《聯合報》，1990 年 10 月 5 日，第 7 版。

〔註 67〕 楊國禎、蔡智豪、白環禎，〈狡兔死，走狗烹；論台灣經濟發展的功臣「檳榔」兼及相關產業〉，《生態臺灣》41 期（2013 年 10 月）。

〔註 68〕 田德財，〈宋楚瑜：土石流不能全怪檳榔〉，《聯合報》，2001 年 8 月 9 日，第 18 版。

　　環境開發造成的災害，規模龐大，牽扯複雜，本為政府的燙手山芋，政府不斷鼓吹檳榔破壞水保的論調，目的在於掩蓋政府環境政策的錯誤，使社會的指責對準檳榔，因為社會已經普遍認定檳榔就是有害，檳榔族群基於認罪心理，往往不敢作聲，沉默的弱勢，成為無聲的箭靶，且因檳榔被塑造成低下階層的食品，在上位者較少有吃檳榔的習慣，打擊檳榔不會影響到上位者的生活習慣，如果打擊高山茶、蔬菜、水果或是高爾夫球場，上位者本身會使用這些事物，並無立場說服大眾，所以上位者選定了使用者不敢作聲，或是被打壓也無力反擊的檳榔來議題作為操作手段，既可達到推拖政策失誤的效用，又不會影響到上位者的生活習慣。強力倡導檳榔危害論的王永慶，本身就是個被質疑在破壞臺灣環境的企業家，一位被社會質疑破壞環境甚深的企業家，站出來質疑檳榔破壞環境，難保其宣導檳榔危害的目的，是在轉移外界對他破壞環境的焦點，撥正自己破壞環境的形象。

　　王永慶先生所提的檳榔形象問題，底心裡已經透露了文化上主觀的偏見，「吃檳榔等於受輕視」的思維模式，正是掌握話語權的階層，長久以來的宣傳所造成，其基於威權主義的論點，未反思新加坡禁止人民吃口香糖的合理性，反而質疑政府為何放任臺灣人吃檳榔；期望廣大的山坡地不種檳榔，拿來善加利用可以增加收益的論點，表示王先生的「社會正義」，其實與環境保育無關，重點在於幫企業創造更多追求利益的機會。但此等非公益的反檳榔論調，卻因為王先生所被賦予的「經營之神」、「窮苦人家翻身臺灣首富」的典範，而被許多人認同，無形中，推動了威權主義的擴散，對民主社會的發展，未必是良善的。

　　檳榔西施的文化，與酒促、Show girl、網路美女推薦文、親善大使等相同，都是「美女行銷」的手法，但檳榔西施販賣的是上流階層沒有購買需求的檳榔，而成為眾矢之的，很顯然輿論抨擊的不是西施們的法律規範，而是品味，這是階級意識和文化優越感的表現，在廟會秀、電子花車的討論場域，事實上也遇到相同的問題，在探討這些與鄉土較為連結次文化時，討論的基調是「變質的臺灣文化」，而不是「行銷文化的演進」，自認高尚的權力階級，難以忍受他們所處的社會中，存在著所謂的低俗文化表現，才是檳榔西施所帶來的「社會問題」的主因。

　　口腔癌與檳榔的連結，這是醫學，在實驗室產製出來的知識，儘管常民的對抗性知識可以找到在生活經驗上的反例，還是難以對科學結論提出有力

的抗衡。假設嚼食檳榔真會提高罹患口腔癌的機會,觀察口腔癌的相關研究,
「酒、檳榔、菸皆可增加發生口腔癌的危險」〔註69〕、「口腔癌是一種多重因
素所導致的疾病,其中環境因素在口腔癌扮演非常重要的角色,而嚼食檳榔、
抽煙、喝酒這些都是引發口腔癌的重要因素。」〔註70〕,都揭示了口腔癌的
成因不僅在於檳榔,但菸酒持續成為政府的財政收入來源,衛生福利部,也
僅針對檳榔舉辦「全家拒檳榔,口腔癌不來!」的宣導活動,針對其他口腔
癌因子的宣傳活動卻不常見,檳榔成為最惡劣的形象,本為科學的醫療觀念,
卻在權力和利益的交織下,喪失了中立性。況且檳榔與口腔癌的醫學研究,
是將檳榔視作均質性、單一性的存在,抽取檳榔的組成物質,以動物作為實
驗對象,進而證明檳榔所含成分會導致口腔癌,這忽略了檳榔族群的生活背
景、食用方式、用量等條件,難以得知白灰或是紅灰較易引起口腔癌?一天
吃幾顆檳榔屬於過量?帶有怎樣基因的人較易因吃檳榔而得到口腔癌?為何
有人吃檳榔到老都不會得口腔癌?科學研究,對於這些有機的條件與口腔癌
的關聯尚未有論證,卻已將吃檳榔等於口腔癌的說法,透過教育、媒體宣傳,
深植社會之中,這是違反科學的。

　　「公共衛生(檳榔殘渣會污染環境)」,是任何會產生廢棄物的行為都該
注意的問題,〈廢棄物清理法〉第五十一條之一明訂「違反第二十七條第一款
之隨地吐檳榔汁、檳榔渣之規定者,應接受四小時之戒檳班講習。」因為「目
前(按:修法前)對於在指定清除地區內隨地吐檳榔汁、檳榔渣之民眾,只
能依本法第五十條規定讓其繳納罰金,再犯率高且並無法達到教化之目
的⋯⋯藉以協助民眾順利戒除嚼食檳榔之惡習。」,該法的第二十七條所列舉
的項目包含「隨地吐痰、檳榔汁、檳榔渣,拋棄紙屑、煙蒂、口香糖、瓜果
或其皮、核、汁、渣或其他一般廢棄物。」,除了檳榔之外,其他行為皆不需
要強制講習,連觸犯汙染程度更高的事業廢棄物罰則者也不需要強制講習,
於是檳榔成為〈廢棄物清理法〉中最需要達到教化目的之惡習。檳榔的危害
是否較其他項目來得嚴重?再犯率是否較其他項目來得高?拋棄紙屑、果
皮,為何不是立法委員們認定該受「教化」的惡習?委員立法理由沒有提出
研究報告和統計,卻可以直接斷定吐檳榔汁是最惡之習,已經違背了該法「為

〔註69〕葛應欽,〈嚼食檳榔與口腔癌之疑問〉,《健康世界》163期(1999年7月)。
〔註70〕財團法人台灣癌症基金會〈檳榔與口腔癌是否有絕對的關聯?〉。(來源:
　　　　http://www.canceraway.org.tw/page.asp?IDno=231)

有效清除、處理廢棄物，改善環境衛生，維護國民健康，特制定本法；本法未規定者，適用其他有關法律之規定。」的初衷，變調為以公權力干涉個人嗜好的舉動。

在整部反檳榔的論調中，所呈現的是統治者高舉現代性、科學性的論證，形塑檳榔文化的反智、落伍，以及欠缺教化，臺灣所面對的天災人禍，似乎都可以在檳榔消失後得到解套，排除了其他同樣對於臺灣造成傷害的因子，減輕了政府的壓力，這是反檳榔操作的潛在目的，林崇熙認為：

> 面對二十世紀末期排山倒海而來的各種天災人禍，學術界或官方關
> 心的重點並不是前述各種科學研究上的限制或缺失，也不是要找到
> 天災人禍的眾多環環相扣的政治、經濟、社會、工程、科技等諸多
> 複雜因素，而是要找出一個罪魁禍首來斬首示眾。〔註71〕

處在權力邊緣的檳榔食用者，難以公開挑戰政府基於科學提出的檳榔危害論，因而成為最適合被斬首示眾，轉移社會注意力的物件。

摸索政府反檳榔政策的脈絡，將檳榔形塑成低下階層的符號，是最重要的步驟。政府先在 1980 年代，以當時證據還相當淺薄的醫學研究，宣傳檳榔的危害性，再操作「檳榔對於健康有危害，而且吃檳榔也不好看」的形象手段，減少工作場合對檳榔較無生理依賴性的階層漸漸不吃檳榔，待檳榔已成為政府人員、社會上層階級較少使用的嗜好物之後，檳榔自然成為低下階層的符號，此時知識權力邊緣的底層已經很難為檳榔辯駁，再透過正式的立法和國家機器的宣傳，把 1990 年代出現的各項社會問題、天災人禍論述為檳榔的災禍，而讓大眾的輿論擺放在檳榔，忽略政府其他該解決的問題，而無法辯駁的檳榔族群，只有受到汙名化的權利，讓輿論操作越來越對其不利，政府更能肆無忌憚的以檳榔之名作各項運用，反檳榔操作的源頭，就在於階級性的塑造，楊國楨在探討檳榔被塑造為水保元兇的脈絡時，提及階級性的要素「……另一重要原因是檳榔是低階層的人（勞工階級）在吃的，茶是高級知識份子在喝的，是握有權力的人在喝的。具有決策權的人，不會去打他習慣上所依靠的東西，因為如果他說茶不好，那他就第一個不能喝茶了。」除了階級性問題，其中也包含了在臺灣社會敏感的族群性問題，前述的研究已提及，吃檳榔是臺灣人固有的文化，在臺灣社會掌握權力位置的外省族群甚

〔註71〕 林崇熙，〈檳榔、知識、與社會正義的辯證〉，「台灣鄉村社會學年會暨空間不平等與社會包容學術研討會」論文（台灣鄉村社會學會主辦，2004.06）。

少食用檳榔，依附權力位置的臺灣人，為了融入權力結構，必須戒除檳榔，因而操作反檳榔的過程，對於某些族群的生計、生活習慣有重大影響，對於某些族群，卻無關緊要，檳榔戒除的有無，可以被識別為自我認同是否趨向於掌權者的象徵，社會晉升的必經規範，這是基於種族中心主義（ethnocentrism），將不吃檳榔視為社會上流標準，評價吃檳榔者的不入流，所產生的獨斷行為。另，反檳榔的作為，已經被權力位置者塑造為贏得公益名聲的途徑（例如企業家跳出來反檳榔），所造成的結果，就是反檳榔不僅不會造成自己的不方便，還可以搏取形象，成為高效益的公益操作手段，卻在贏取名聲的同時，犧牲了文化的多元性。反檳榔的運動，意涵著文化認同的拉鋸，社會階級的鬥爭。

三、媒體的書寫與政治操作

（一）媒體的書寫

本章節分析媒體在報導檳榔相關議題時，其標題敘述、角色描述，以及文章立場，具有的類型，以檢視檳榔符號在輿論中的形象，發現檳榔在媒體的寫作手法大概有以下幾個象徵：

1、棄暗投明

這類型的報導，檳榔的存在，成為「火坑」、「泥沼」、「墮落根源」的意象，主角與檳榔的斬斷，實現了「浪子回頭」、「金盆洗手」的典型劇情。

〈0.3cm 巧克力，來台試味蕾〉

> ……曾獲世界甜點冠軍的皮耶，巡訪世界八國……被譽為巧克力之
> 神……皮耶透露，得知臺灣屏東農民，成功栽種可可豆取代檳榔大
> 受感動……已購回測試，不久將推出臺灣可可豆巧克力…… 〔註72〕

農民更換作物的因素可能為「原作物經濟價值低於取代作物」、「原作物生長條件劣於取代作物」等，但在此案例中，檳榔成為一種惡的化身，將檳榔砍掉，以大家認為正面的「可可豆」取代之，是一種由「惡」向「善」的過程，既然是「從良的故事」，故聽者要覺得「感動」，感動之餘，還要以推出「臺灣可可豆巧克力」鼓勵之，並且希望其他沒有棄檳榔投其他作物的農民，能夠導正「偏差行為」，接受教導，投入像是可可豆這樣的正面作物。

〔註72〕謝文華，〈0.3cm 巧克力，來台試味蕾〉（臺北：自由時報，20111101）。

在此之中，更顯得社會忽略了農業也是經濟行為的基本原則，從 A 作物跳到 B 作物，並不是為了讓人感動，而是追求更好的利益，在前面曾經討論過，筆者田野調查的個案中，就有受訪者的家族，原先種植他種農作物，但眼看檳榔的利益較高，引進檳榔栽種，後完全放棄了原來的農作物。單純經濟取向的農業行為，就如同高麗菜轉種空心菜一樣的自然，但作物換成了檳榔，就得受到「道德因素」的檢視，並在文章中暗示，棄檳榔投可可豆，是一個「從良」的過程。

2、增加標題聳動性

這類型的報導，檳榔與內容不一定存在切要的關係，但被刻意操作，讓檳榔成為標題的元素，其目的是要增加事件的話題性。

〈吃到倒吊子檳榔　男倒地不治〉

2013 年底，有篇〈吃到倒吊子檳榔　男倒地不治〉[註73] 的新聞，描述一名男子，騎機車身體不適倒地，被送醫急救後不治，疑似心肌梗塞死亡，記者根據警察的說法，協助處理的路人指出，死者生前曾說「應該是吃到『倒吊子』，坐一下就好。」[註74] 以及死者的兒子在警察局談及「父親吃檳榔行之有年，沒想到會被檳榔害死。」[註75]，所以記者下了「吃到倒吊子檳榔　男倒地不治的標題」，文末也訪問了高雄醫學院陳百薰教授，講解倒吊子的醫學知識，記者在報導中，寫作手法沒有對檳榔帶有歧視性的詞彙，陳教授的醫學知識講解，也平鋪直述，沒有勸世的用意。但在該篇報導的下方，死者家屬憤憤不平的留言「我的父親不是吃檳榔而死的」，筆者透過臉書訪問了這位家屬，想得知她的想法，她指出父親本來身體就不好，適逢冬天，本來就有可能心肌梗塞死亡，況且她和哥哥並沒有在警察局講過爸爸很愛吃檳榔的言論，向報社提出抗議，但沒有得到回覆。關於我訪問的舉動，當時還在治喪期間的她表示「我只是不希望，一篇不實的報導，讓你誤以為我父親是因為吃到倒吊子死亡，我才回覆你的訊息的」。對於她認為記者何以要說她父親的死亡與檳榔有關係時，她指出「……反正只要是有牽扯到檳榔，反正他們隨便抓一個點，就拿來當報導，……記者的素質也不過如此而已，他們也不在乎報導是否有正確性」。問到她是否認為父親的死亡症狀與

〔註73〕徐聖倫、楊菁菁，〈吃到倒吊子檳榔　男倒地不治〉，《自由時報》2013.12.08
〔註74〕同前註。
〔註75〕同前註。

倒吊子的副作用類似，導致記者作了這樣的報導，她回答「我不清楚吃到倒吊子是甚麼樣的症狀，我無法回答你的問題，我父親是因爲天氣太冷，在碧潭那邊山區太冷，我父親也有點年紀了，是急性心因性心肌梗塞所以導致死亡」。〔註76〕

　　無論吃檳榔與否，當事人的死因都與心肌梗塞有關，我們列舉當月該報，關於心肌梗塞造成傷亡的報導的標題：〈天冷　心肌梗塞2猝死〉〔註77〕、〈終點線前倒下　富邦1跑者休克送醫〉〔註78〕、〈知名武術教練　登山暴斃〉〔註79〕、〈寒流發威　猝死意外頻傳　喘不過氣、冒冷汗……快呼救〉〔註80〕、〈急凍！全台兩天28人猝死〉〔註81〕。確實發現，記者在處理同爲心肌梗塞引發的死亡（傷亡）事件時，大多沒有忽略當月低溫因素所造成的心肌梗塞，但當事人的發病因素可能與檳榔有關時，低溫的因素就被忽略，特別強調倒吊子所造成的影響，造成當事人家屬認爲記者藉由檳榔增加新聞的話題性。家屬也同時認爲，死亡因素與檳榔有關，是不名譽的，家屬即便對於倒吊子的作用不了解，但是也不希望報導中提到這個檳榔要素。

〈「女神」李毓芬和歌手張韶涵　竟然下海當檳榔西施了？〉〔註82〕

　　新聞內容是在描述該電視臺的綜藝節目，製作了尋訪最正檳榔西施的特輯，節目的內容其實沒有藝人李毓芬和張韶涵，只是因爲製作單位在拍攝的過程中，發現了幾位檳榔西施長像與其相似。

　　此新聞標題帶有明顯的職業歧視性，藝人是女神，當檳榔西施是下海。

〈貪看檳榔西施！？老翁開車撞檳榔攤〉〔註83〕

〔註76〕　該段訪談，皆出自該篇新聞的當事人家屬的訪談內容，訪問地點：社群網站臉書聊天室，2014年1月3日。

〔註77〕　蔡宗憲，〈天冷　心肌梗塞2猝死〉，《自由時報》，2013年12月11日。

〔註78〕　〈終點線前倒下　富邦1跑者休克送醫〉，《自由時報》，2013年12月15日。

〔註79〕　王揚宇，〈知名武術教練　登山暴斃〉，《自由時報》，2013年12月19日。

〔註80〕　薛翰駿、李容萍、邱奕統、王英傑〈寒流發威　猝死意外頻傳——喘不過氣、冒冷汗…　快呼救〉，《自由時報》，2013年12月20日。

〔註81〕　〈急凍！全台兩天28人猝死〉，《自由時報》，2013年12月20日。

〔註82〕　娛樂中心，〈「女神」李毓芬和歌手張韶涵　竟然下海當檳榔西施了？〉，《三立新聞台》，2014年5月14日。來源：http://www.setnews.net/News.aspx?PageGroupID=8&NewsID=23333&PageType=3

〔註83〕　〈貪看檳榔西施！？　老翁開車撞檳榔攤〉，《蘋果日報》，2014年5月15日。（來源：http://www.appledaily.com.tw/realtimenews/article/new/20140515/398436/%E8%B2%AA%E7%9C%8B%E6%AA%B3%E6%A6%94%E8%A5%BF%E6%

本篇的新聞事件中，提及的檳榔攤其實沒有檳榔西施，當事人車禍是因爲「老翁在開車時，因冷氣出了問題，他邊開車邊調整，完全沒注意車子已經偏離車道，最後直接撞上檳榔攤」，但整起事件牽扯到檳榔攤，就引發這樣的標題。

3、反派角色的象徵

文章中的角色設定，特別強調反派角色與檳榔的連結，將檳榔視作爲反派角色的象徵。

〈唬走後門擠公門　流浪漢隨機騙倒 33 人〉

該新聞的照片說明，在描述新聞當事人時寫道「林有福被捕時頭髮已剪短，穿著也頗整齊，但煙與嚼檳榔不離口，根本不像林管處官員。」〔註84〕

記者對於有人會被吃檳榔的人詐騙，信以爲眞它是林管處的官員，感到納悶，新聞照片的說明，表示了吃檳榔損壞了衣著整齊的形象，吃檳榔沒有當官的樣子，對檳榔的使用習慣與社經地位的連結有負面的設定。

〈不滿王世均欠薪，員工抗議被黑衣人阻擋〉 〔註85〕

「……但就在員工抗議時，一旁卻突然出現多名口嚼檳榔的黑衣人，黑衣人試圖驅散抗議民眾，雙方爆發衝突，所幸無人受傷……」將檳榔和黑衣人掛勾，暗指對方是黑道，使檳榔成爲辨識是否爲黑道的符號。

〈面試經驗談——桃色陷阱〉

這是一篇讀者在副刊有關於面試心得徵文的投書，裡頭對於男主角的角色刻畫如下：「這間公司是一間非常小的公司，辦公室與工廠的總坪數加起來不到 15 坪，老闆是一個吃檳榔的中年人，說著一口流利的台語，偶爾還會開開黃腔，我面試的時候就領教了其言語上的騷擾。」〔註86〕。食用檳榔的行爲，伴隨臺語，一同被刻劃爲壞人的形象。

96%BD%EF%BC%81%EF%BC%9F%E3%80%80%E8%80%81%E7%BF%81%E9%96%8B%E8%BB%8A%E6%92%9E%E6%AA%B3%E6%A6%94%E6%94%A4）

〔註84〕 張瑞楨，〈唬走後門擠公門　流浪漢隨機騙倒 33 人〉，《自由時報》，2010 年 3 月 22 日。

〔註85〕 〈不滿王世均欠薪　員工抗議被黑衣人阻擋〉，《自由時報》，2010 年 2 月 10 日。（來源：http://news.ltn.com.tw/news/entertainment/breakingnews/330728）

〔註86〕 愛綠茶，〈面試經驗談——桃色陷阱〉，《自由時報》，2010 年 2 月 9 日。（來源：http://news.ltn.com.tw/news/supplement/paper/372757）

〈板橋市長住家　對門就是賭場〉

「……賭場藏身的樓層只有 4 戶，其中一戶竟是板橋市長江惠貞住處，與賭場這戶僅隔著電梯。江惠貞說，過年前後就察覺這戶份子複雜，她還曾撞見 4 名嚼檳榔男子，幸好警方及時查獲，還給社區安寧。〔註87〕」。出入份子複雜，尤其是有些男子嚼食檳榔。

以上的舉例，顯示著檳榔在角色的刻畫中，偏向於負面象徵，是為對比正義的好人而存在。當檳榔出現時，隱喻了邪惡角色的登場，衝突在即，讀者見到食用檳榔的角色，可立刻識別何者為反派角色，心中期待光明勢力的整頓，打倒檳榔者，如同打倒惡龍的勇士，可得到讚許。西方文學裡的「撒旦」、「巫術」常成為反派象徵，有其基督教的淵源，但檳榔本為臺灣文化中具有正面意義的的符號，卻在近代，淪為黑暗代表，在日本時代的新聞描述、文學作品中，尚無如此遭遇，這與政府在近年，不斷強調檳榔造成社會問題、危害民眾生命財產安全的作法有關，對於沒有接觸到檳榔的民眾而言，檳榔的存在，帶來威脅，難以諒解還有同胞仍然在食用檳榔，阻礙社會進步，才會將「檳榔消失」的期許，投射在各種文章的反派角色中，讓各文章的作者，在欠缺考量文化差異的情況下，理所當然的安排檳榔成為反派角色的象徵。

（二）政治操作

雖然檳榔平常在媒體的形象不堪，政治人物還是會藉由檳榔來做些正負兩面的操作，例如外省人蔣經國會以檳榔操作親民形象和本土性，畢竟檳榔被認作是「臺灣本省低下階層的人」在吃的。蔣經國出巡時，媒體幾度以蔣經國吃檳榔；蔣經國與吃檳榔的臺灣人寒暄來表示蔣經國的親切、愛民，關懷臺灣人：

> 蔣經國儉樸親民，平常與朋友會面，只是一盤炒飯；下鄉探訪就吃冷便當，沒有魚翅燕窩；探訪民間時，民眾送上檳榔，他也照吃不誤。〔註88〕
>
> 其中一名工人嘴中嚼著檳榔，嘴唇染得紅紅的，蔣院長問他，你是不是在吃檳榔，這種東西吃多了有礙健康。蔣院長說話時，態度極為慈祥，像位家長對子弟講話，而且又主動地與他們握手，使他們

〔註87〕 黃立翔，〈板橋市長住家　對門就是賭場〉，《自由時報》，2010.03.19。（來源：http://news.ltn.com.tw/news/society/paper/380966）

〔註88〕 高凌雲，〈侍衛憶往〉，《聯合晚報》，2000.01.12，第 4 版。

深受感動。〔註89〕

年近七旬的東海說，民國六十年蔣經國到日月潭，看到一家小店在賣檳榔，好奇問：「檳榔有什麼好？為什麼那麼多人愛吃？」他回說：「報告總統，勞動基層、農民工作很累，吃檳榔可以提神。」

蔣經國一聽，拿起檳榔往嘴裡塞，安全人員趕忙制止，蔣咬了咬，皺眉說「不好吃嘛！」旁人全笑翻了。〔註90〕

臺灣人自己的總統李登輝，檳榔產區的縣長蘇貞昌，也懂得藉由檳榔展現親民：

李總統昨天吃了一顆檳榔。李總統登輝先生昨（八）日巡視屏東縣里港鄉時，在鄉農會儲蓄部遇到口嚼檳榔的農友藍清風，熱情的農友請總統吃檳榔，總統欣然接受，在一旁陪同的屏東縣長蘇貞昌也表示想吃一顆嚐嚐。

「總統吃檳榔」除了令現場不少人有十分「新鮮」的感受外，消息傳開後，里港鄉民眾對總統也吃檳榔的話題相當感興趣，有人覺得這是總統平易近人的表現。〔註91〕

李總統的這番行為遭受到某些反檳醫師的質疑：

李總統前天在巡視地方建設時人境隨俗地淺嚐檳榔，昨天引起口腔醫學界的嚴重關切，幾位醫界人士建議李總統拍攝拒食檳榔及香菸公益廣告，並領導相關運動，以維護全民健康。

由於李總統前年年底在執政黨二屆國代選舉大勝時，曾經請相關輔選人員抽菸，引起推動拒菸運動甚力的董氏基金會嚴重關切，並由董事長嚴道致函李總統。前天上午，李總統不便拒絕之下嚼了兩下檳榔，也引起推動拒食檳榔甚力的口腔醫學界關注。〔註92〕

李登輝為此反駁道，吃檳榔與否，是民主素養的展現：

〔註89〕陳祖華，〈蔣院長視察高速公路施工情形〉，《聯合晚報》，1974年3月4日，第2版。

〔註90〕吳淑君，〈經國先生二三事路過明潭，好奇吃檳榔〉，《聯合報》，2009年4月12日，第a4版。

〔註91〕林政鋒，〈李總統吃檳榔，感謝里港農民盛情，淺嚐一顆〉，《經濟日報》，1993年5月9日，第3版。

〔註92〕陳建宇，〈向檳榔說不，請總統示範，醫界建議總統拍公益廣告，並且以身作則〉，《聯合報》，1993年5月10日，第5版。

> 李總統強調，我們是一個全民自由意志的民主社會，省議會正是代
> 表自由民主意志的民意，他希望「府會」能同心協力，加速省政建
> 設。他還舉出他上回去屏東拜訪農民時，農民請他吃檳榔，雖然他
> 不吃檳榔，可是，他還是吃了一口，總統說，這就是互相尊重，希
> 望大家能發揮愛心，彼此相互尊重〔註93〕

李登輝後任者，馬英九與陳水扁，在檳榔符碼的政治運用上，則有巧妙的發展。

1994年，馬英九擔任法務部長任內，臺北看守所所長吳賢藏曾提出以檳榔協助毒癮者戒毒的構想，但馬英九認為爭議過大，要再評估，這個方案後來被美沙酮取代〔註94〕，至於當初馬英九認為爭議過大的理由，則不得而知。同年的臺北，剛選上市長的陳水扁，正強力掃除公娼、取締檳榔西施，誓言「一定要在其尚未形成風氣之前加以整頓。〔註95〕」、宣導計程車司機不要吃檳榔〔註96〕，以臺灣人的姿態，掃除外界認定的臺灣人「惡俗」。隨著下一屆的市長選舉接近，準備挑戰陳水扁，從政大離開教職的馬英九，也在檳榔符號上，作了細膩的運用。

1997年，馬英九在環球新聞臺開辦了「小馬哥現場」節目，此節目訴求把主持棚拉到都會中的各角落作採訪，「把關心國內弱勢團體及社會問題的觸角更深入的追蹤」、「他（按：馬英九）絕不是作秀，也絕沒有沽名釣譽的想法，只想把存在內心強烈的公益個性，以實際行動表現出來。」〔註97〕節目設定很寫實，「『小馬哥現場』……採訪的人物與話題卻是充滿了情色的味道。除了各一名從事性服務的男、女與自詡嫖妓經驗豐富的嫖客，現身說法接受小馬哥的專訪外，另外節目請到了劉承武檢察官、工人行動的鄭村棋以及台大社會學系教授瞿海源展開座談。」節目也到過檳榔攤，對檳榔西施作

〔註93〕陳永順，〈巡視雲嘉基層農會，聽取赤司農場土地問題簡報，李總統：公地放領應速訂法令實施〉，《聯合報》，1993年5月29日，第4版。

〔註94〕林靜華，〈用檳榔戒毒？台北看守所長提議 馬英九：爭議大再研究〉，《聯合報》，1994年8月24日，第7版。

〔註95〕邱淑宜，〈阿扁 全力掃蕩檳榔西施〉，《聯合晚報》，1996年8月28日，第4版。

〔註96〕周維新，〈宣布計程車調高運價 陳水扁同時公布民調〉，《聯合報》，1995年10月2日，第3版。

〔註97〕江聰明，〈小馬哥關懷社會 投身現場〉，《聯合報》，1997年10月7日，第25版。

專訪，據報導指出，檳榔西施「把他當成『馬青天』，向他『訴苦』」，馬英九還在節目中好奇的吃下生平第一顆檳榔「隨即五官扭成一團喊道：『好苦啊！』」〔註98〕，馬英九顯然旨在吸收這些被陳水扁掃蕩過的弱勢階層臺灣人的選票〔註99〕，並提升自己本土親民的形象。到了選戰開打的1998年，馬英九除了表示自己臺語能力大有進步外，其臺語老師方南強還強調「馬英九近來走入基層，和礦工、弱勢者及檳榔西施等人接觸，品嘗檳榔的滋味，體驗小市民的生活，並非如外傳所說，國際觀有餘，本土化不足。」〔註100〕。

　　但在順利當選臺北市長後的1999年，對檳榔文化展現善意的馬市長，卻提出讓「檳榔攤老闆氣得差點吐血」〔註101〕的臺北市版檳榔管理方案；對於底下衛生局長葉金川提出的青少年禁止吃檳榔的建議全力支持，因為「吃檳榔的害處人人皆知」並以展現道德勇氣的姿態例舉「嘉義市長張博雅擔任衛生署長時，極力推動國人不吃檳榔，張博雅是草根地方選出的首長，這種呼籲會讓她少了選票，但她還是聲嘶力竭的要求，發揮了道德勇氣。」〔註102〕，以示馬英九是個有魄力，不畏選票壓力的市長，順道向大眾暗示「本省人的張博雅也掃蕩檳榔」。在衛生局研擬立法限制吃檳榔時，指示屬下要「好好做」〔註103〕，在當選前，靠著媒體操作贏得檳榔族群選票的馬英九，在上任不到一年內，成為了「不畏懼選票流失，也要掃除害處人人知的檳榔」展現氣魄的馬市長，不過在被因為時常拍片熬夜，而嗜吃檳榔的導演張作驥，問到為何要禁食檳榔時，馬市長不忘趕緊澄清「市府不是禁食檳榔，而是禁止在公共場所嚼檳榔」，並搬出「兩年前他在政大教書時，製作過一個和檳榔西施有關的節目，還曾經吃過一顆檳榔。當時他吃了一口，就連汁帶渣全部吐出來。」〔註104〕的往事出來，以表明自己沒有打壓檳榔，

〔註98〕江聰明，〈小馬哥會檳榔西施！少女訴委屈　小哥嘗檳榔〉，《聯合報》，1997年10月14日，第27版。

〔註99〕陳水扁總統在臺北市長任期中，大力掃蕩性產業、檳榔西施。

〔註100〕牛慶福，〈方南強　教小馬哥說台語〉，《聯合報》，1998年6月18日，第18版。

〔註101〕董智森，〈馬英九　最近分貝不低，震災、檳榔管理辦法、重罰酒後駕車……到蘇案〉，《聯合報》，1999年10月29日，第3版。

〔註102〕董智森，〈青少年禁吃檳榔　馬英九：全力支持〉，《聯合報》，1999年7月13日，第18版。

〔註103〕吳志雲，〈立法限制吃檳榔　馬：好好做〉，《聯合晚報》，1999年7月6日，第12版。

〔註104〕項貽斐，〈張作驥、馬英九　交換檳榔經〉，《聯合報》，1999年11月26日，

還藉此拉近自己和檳榔使用者的距離。

到了 2000 年，馬英九爲了表示中國對臺貿易可以讓臺灣賺大錢，扁政府應該接受中國屬意的一中架構來實行三通，搬出檳榔指：「福州有兩萬多名台商，更有六千多家台資企業，對台灣運往的物資需求量非常大，其中除了工業原料、半成品、民生物資外，『甚至還包括台灣的檳榔。』」〔註 105〕，以塑造三通之後，臺灣最本土的產業也能受益的願景。

2002 年，馬英九再度面臨北市長選舉，當年的市長選舉，性議題成爲熱門，馬英九首先被陳文茜塑造成「會讓人臉紅心跳的性幻想對象」〔註 106〕，再來又因李安妮指稱馬英九甚麼都不會作，只會裸露身體作號召，彷彿「檳榔西施」〔註 107〕，接續的選戰焦點，就常圍繞在檳榔西施上面，此時，在 1998 年上任後，讓檳榔攤業者「差點吐血」的馬市長表示「檳榔西施如果是規規矩矩的營業，應該就符合相關法令的規定，因此他呼籲『不要把相對弱勢的族群，作爲選戰的議題』」〔註 108〕，藉檳榔西施成爲營造出「依法行政」、「弱勢守護者」的形象，並將自身與性議題牽連，掩蓋當年對手李應元強打的臺灣認同議題，順利當選。

第二任市長期間，曾宣稱「檳榔危害人人知」的馬市長，出版的英文城市導覽手冊，「看檳榔西施」，成爲書中介紹的臺北特色行程，手冊中有「圖文並茂的『檳榔西施』，稱檳榔是『中國口香糖』」〔註 109〕不僅懂得用檳榔西施來作城市行銷，還趁機統戰臺灣的檳榔爲「中國口香糖」。

2007 年競選總統時，馬英九又將檳榔拉入了選戰中，除了製造「遞毛巾」、「不穿內褲」的性遐想連結，還兩次造訪中部檳榔攤，並言「檳榔西施穿得很保守，讓我頗感失望」，加強他的性議題操作，在面對對手謝長廷指

第 26 版。

〔註 105〕董智森，〈馬英九：小三通是小額走私除罪化〉，《聯合報》，2000 年 11 月 27 日，第 4 版。

〔註 106〕黃瑜琪，〈小馬哥　是不是老婆性幻想對象？〉，《聯合晚報》，2002 年 10 月 29 日，第 19 版。

〔註 107〕陳志豪，〈北市長選舉，口水滿天，李安妮以「檳榔西施」形容馬英九〉，《聯合報》，2002 年 10 月 13 日，第 2 版。

〔註 108〕劉開元，〈李安妮『性幻想』說，馬英九：沒興趣回應〉，《聯合晚報》，2002 年 10 月 14 日，第 19 版。

〔註 109〕李光儀，〈一書在手　老外抓得住台北〉，《聯合報》，2006 年 5 月 13 日，第 c2 版。

責他為「不速鬼」時，反駁「檳榔生意和台灣經濟息息相關，台灣經濟好，檳榔攤的生意就會好；經濟不好，檳榔攤的生意也不會好，他希望謝長廷不要扭曲他的意思。」，當時的聯合報，也配合馬英九，拿「謝常停」檳榔攤的歇業大作文章，指出「經濟愈來愈糟，路旁的檳榔攤一家一家收攤，當然這家『謝常停』也跟謝幕長停了……景氣好與壞從這些檳榔攤霓虹燈之逐漸熄燈可見一斑。」〔註110〕，暗諷扁政府經濟無方，正巧在馬英九當選總統後，民間出現了以「馬上發」為名的檳榔攤〔註111〕，政權的興替，在臺灣街頭以檳榔攤演示著。

選上總統後，馬政府特以檳榔招待前來參加國宴，下塌漢來飯店的的帛琉總統，「帛琉總統對管家準備的台灣檳榔滿意極了」〔註112〕，可是不久之後，面對美牛議題，馬英九、楊志良、葉金川，都拿檳榔出來對比美牛的危害性甚低「馬英九並以吃檳榔、抽香菸比較。他說：吃檳榔得口腔癌的機會大概是萬分之七，抽菸得肺癌，大概是萬分之五、六左右。馬英九強調，一般來講，『風險小於百萬分之一，通常就是認為沒有風險』。」〔註113〕，意指反正檳榔有害臺灣人都肯吃，吃美牛更不要緊，無須反對。

但2011年，觀光節大會上，慶祝臺灣觀光收入突破5000億的發言裡，馬英九直陳，因為觀光，「各行各業都能感受到業績成長，連路邊檳榔攤也受惠。」〔註114〕，受惠的行業別也許很多，提檳榔攤，很顯然是刻意的操作，目的在於對比讓檳榔攤一間間歇業的扁政府，馬政府的政策都有照顧到臺灣人的產業。

從以上的文獻可得知，歷任領袖、媒體皆會使用檳榔作為政治操作的工具，從蔣經國時代就懂得利用檳榔來加強外省人蔣經國貼近土地人民的形象。李登輝則是利用檳榔操作，告訴大眾，他即便身處國民黨，還是跟臺灣人同心，是位願意感受臺灣人生活經驗的民主領袖，同胞們要記得他的困

〔註110〕蘇明輝，〈「西施保守」 馬開口我冒汗〉，《聯合報》，2007年11月27日，第a15版。

〔註111〕湯雅雯，〈馬上發，檳榔店趕流行〉，《聯合報》，2008年5月22日，第c2版。

〔註112〕謝梅芬，〈元首習慣不同 馬總統不擾人〉，《聯合報》，2008年5月22日，第c2版。

〔註113〕李志德，〈馬：看緊美牛 派獸醫突襲〉，《聯合報》，2009年11月8日，第a4版。

〔註114〕〈台灣觀光去年新高峰〉，《聯合報》，2011年2月16日，第a7版。

境，作爲他的後盾。自稱「蔣經國學校」畢業的馬英九，顯然也從蔣經國身上領會檳榔符號的妙用，且更上一層樓，除了以檳榔增強自身的本土形象，提高親民特質，還懂得操作檳榔西施的議題，在弱勢關懷、性連結上發揮，並且在被質疑在經濟議題上賣臺時，搬出檳榔表示其政策意在爲臺灣人牟利。馬英九也瞭解要對檳榔進行負面操作，對訴求安定、中道的市民，以禁檳榔、掃蕩檳榔攤，來演示自己的魄力和理性。在辯護美牛的危害時，更巧妙的利用檳榔來宣傳美牛的危害性沒有民間講得那麼嚴重。法務部長時期的馬英九，對於以檳榔替代毒品的作法態度保留，足以證明他非常了解檳榔在臺灣具備的爭議性，但在往後，他已經能在這個爭議的符號上作靈巧的操作，對比歷任領袖，似乎只有馬英九把檳榔符號發揮得淋漓盡致，在多項議題上面都運用自如。

從歷任領袖都知道檳榔在臺灣所具備的符號內涵，也知道檳榔在臺灣的爭議性和媒體效果，可得知檳榔在臺灣的確並非單純的存在，它是個可以作正反操作，爲自身加分的符號，當政治人物在媒體輿論中觸及檳榔時，背後將可發揮許多效用，端看政治人物要如何的運用。檳榔和低俗形象連結，不完全來自於使用者本身的階級高低，而是官方、媒體以及社會共識，已經先設定好，位處高階的人不吃檳榔，才能以階級的高低差創造力道，而後政治人物才能以這個共識，在各層面拿捏運用，假若某政治人物向檳榔表達作正面態度，則是「親民」、「關懷」；假若某政治人物向檳榔表達負面態度，則是「正義」、「中道」，故檳榔在平常，必須被歸作低俗的，以方便政治人物需要時拿來運用。反檳榔論述者，時常枉顧人情和不同文化族群的心理層面，均質性的以自身的標準抨擊檳榔族群的使用習慣，傷及使用者的自尊，也是難以讓檳榔族服氣的原因，猶如老農派立委曾振農所言：

> ……講到這裡，阿農有點不服氣，他說什麼事不能老以「台北看天下」的角度來評論價值，「像有人批評我吃檳榔有礙形象，但當我每天推開窗户，便立刻看到滿山滿谷的檳榔樹，我就不會想要拒絕檳榔，多少鄉親靠此維生，果賤傷農，又要加入 GATT，農民靠檳榔換口飯吃，阿農和他們站在一起，能不吃嗎？」
>
> 一旁的太座張花冠補充說，事實上，不必要把檳榔、香菸或口香糖劃分等級，各有各的文化背景，檳榔曾是迎娶習俗上「謝籃中的大禮」，除非替農民找到更好的生財之道，不然沒有排斥的道

理。〔註 115〕

　　假若社會能理解檳榔文化在臺灣政治中，繽紛多彩的面貌，則可得到更敏銳的觀察力，在媒體作出檳榔的負面報導時，洞悉背後的動機，作出更客觀的判斷。

〔註115〕林浚南，〈唐裝、檳榔、三字經，曾振農走在豔陽下〉，《聯合晚報》，1994 年
　　　　　7 月 10 日，第 3 版。

第五章　檳榔與臺灣人的自我認同

　　「臺灣人」一詞，在各時代的意涵不同。日本時代以前，臺灣只是個地理名稱，清朝政府的行政單位，臺灣人本身的意識裡，並無所謂臺灣人（Nation）〔註 1〕的概念，島上居民對於身分的想像，只有依中國原鄉文化建構出的，相較於荷蘭人、滿州人之外的，屬於漢民族底下的漳州人、泉州人、客家人，以及「番族」底下，各自獨立存在的原住民族群意識，不論是漳州人、泉州人或是客家人，都自以爲他們是居住於臺灣島上的漢人。日本

〔註 1〕 Nation 的概念，一般認爲需與國家（state）相連結，也可譯作爲「國族」，比方説「民族國家」。「族群」來自英文的 ethnic groups，在臺灣，被當成是國族，或是 Volk 底下的支系，以大略反映相同國族之中，具備文化差異性的人群，也是我們在文中採用的語意，例如臺灣、客家、外省、原住民、新住民五大族群的畫分，但在臺灣，此等分類方式會因語境不同而有不同意涵。「外省人」在臺灣的本意，是臺灣省以外的中國人（Mainlanders），但後來，因爲臺灣省的概念已經解構，島民的政治認同轉向本土，不再認爲自己是中國底下的一省，外省人這個語彙成爲時代的產物，與「臺語」「臺灣話」相同，是一個專有名詞，外獨會將他譯爲 49ER，「1949 年人」，實爲比較貼切的用法，解嚴之後來臺的中國人，臺灣人不稱呼他們爲外省人，直接稱爲中國人（Chinaman）。「新住民」有時候也被拿來指稱是外省人，但通常指得是外籍配偶，來自中國的外籍配偶，即便與外省人同樣來自中國，但被歸類爲新住民的範疇。稱呼「本省人」時，是相對於「外省人」而言，此時的「本省人」，可能包含客家人，也可能不包含，但通常不包含原住民。稱呼「臺灣人」時，假若是相對於「外省人」而來，此時的「臺灣人」可能包含除了外省人以外的所有臺灣人，但在排除相對於「外省人」自稱時，通常不包含客家人和原住民。如果是將整個臺灣視爲國家單位時，則「臺灣人」的稱呼就比較接近我們所謂的「臺灣國族（民族、Nation）」了，意即，我們在討論臺灣認同的形成，其實是在討論臺灣國族意識的形成。

時代,「臺灣人」的概念慢慢成型,漳、泉械鬥不再,閩、客衝突不復,形成對立於「異族日本人」的「臺灣人」想像。戰後,1980 年代,「臺灣結」與「中國結」的紛爭,促使臺灣人在被外省人灌輸的中國認同中,找尋新的定位,至此,臺灣人不再只被歸屬於「本省人」層次的意涵,而被賦予更完整的民族意義。

在模糊的民族想像中,如何區隔自我與他者的不同?他者眼裡的臺灣意象為何?民族塑造的過程裡,需要有可以表示臺灣人面孔的事物,使臺灣人成為寫實的存在,「文化是一個國家或社會的非邏輯部份。有些不是外顯的,有些是彰顯的……我們要創造臺灣文化,要同時形塑臺灣正面形象,創塑利多又可善導臺灣認同的圖像、符號符碼、甚至圖騰」〔註2〕,某些早已存在於臺灣人身邊數代的事物,也許居民原先沒有察覺它們對於臺灣人的代表性;也許居民在尚未察覺它們對於自身的代表性之前,就已經被掌握話語權的人,用負面的觀點詮釋了這些事物,左右閱聽人的想像,讓與這些事物相連結的臺灣人遭到汙名化,主動的形塑這些符號的正面性,對於提升臺灣民族的自信與尊嚴,有莫大的幫助。這些臺灣人的符號,可能是田間的水牛;市場裡的番薯;或者包含檳榔在內的,對於島民習以為常的事物。

第一節　臺灣認同的形成

「臺灣認同」,並非原生的存在於島上的概念,而是經歷各族群,在時代脈絡下,從島民的意識中,自然發展出來的。現代化的影響,日本時代出現與現今較為相近的臺灣人意識,故,我們以全島現代化的啟始——日本時代,作為劃分臺灣認同的界限。

一、日本時代以前的臺灣認同

日本時代以前的臺灣,為了自身利益的維護,出現了以居住所在地為中心思考的「地方意識」,但此種意識僅限於居住所在地、親族利益的維護,屬於保鄉、保家的意識,或者商業利益的競爭,當時的島民,對於本身居住地以外的臺灣其他地方,並沒有認識和感受,無法建構出臺灣共同體的概念。

〔註 2〕 施並錫,〈創造、美化台灣形象符號建構台灣主體文化〉,《國家與教育》第 3 期(3 2007 年 9 月)。

此時，包含平埔族人在內的番族，只有各部落、各社的部落意識，族別的區分相當薄弱，「當時的原住民本身也大都以各自的部落為其想像力的邊界，甚至同族間亦無超越部落之嚴密的組織性連結。」〔註3〕，當然也沒有臺灣人的概念。漢文化系統的島民，自認為泉州人、漳州人，或是客家人的移民及其後代，雖然以臺灣為居住地，但擺脫不掉原鄉情懷，可是卻又不被視作等同為原鄉的漢人，此時的臺灣居民，定位籠統，到底該被歸類何種「人」，以王育德的主張來解釋，會較為清晰。

王育德認為，所謂的漢人，並不是現代民族（Nation），應以 Volk〔註4〕的概念來解釋當時的漢人，臺灣居民則是漢 Volk 所分出來的臺灣 Volk，筆者整理王育德的觀點，列出 Volk 的兩種特性：

第一，「Volk 與民族（Nation）不同的特徵之一在於其封建分散性，即橫向關係上會在較狹小的地域形成封閉性社會；而在縱向關係方面，會因社會身份制度的確立而顯得零碎。到了民族（Nation）的階段，縱橫的封建分散性將被打破。打破的程度愈徹底，其民族（Nation）愈能達成高度的發展，但實際上無可避免的是，它多少會遺留封建的殘滓。」。〔註5〕

第二，「Volk 與民族（Nation）不同的另一個特徵是共同體意識模糊。當然台灣 Volk 也無全體一致的堅固共同體意識。此點由激烈的「分類械鬥」即可明瞭。在台灣 Volk 的形成過程中，常與大陸疏離，且因外來政權而蓄意被分隔。此種與大陸疏離和被外來政權分隔的結果，使台灣 Volk 強化其共同體意識，也就成為後來蛻變為 Nation 的因素。」〔註6〕

臺灣地理的特性，剛好就提供了「狹小地域」，這個形成封閉社會的要素，造成島民的「共同體意識模糊」。

〔註3〕 孫大川，〈夾縫中的族群建構——泛原住民意識與台灣族群問題的互動〉，《台灣近百年史論文集》（臺北市：吳三連基金會出版，1996 年）頁 365。

〔註4〕 Volk 本為德文，日文翻譯為基礎集團，中文有時候也被翻成民族或者人民，但王育德認為這與 Nation 的意思不同。大英百科全書將之解釋為英文的「The People」，語意比較接近「居住於某地的一群人，但這群人並不以某地為民族的認同，只是人在物理空間上的存在」。

〔註5〕 王育德，〈台灣民族論〉，《台灣青年》35～37 期，1963 年 10 月 25 日～12 月 25 日，此處轉引自《共和國雜誌》24～26 期，2002-07 之同名文章。

〔註6〕 同前註。

　　臺灣全島被多條河川切割成不同區塊，丘陵遍佈，古時交通、資訊流通不便，不同地區的居民，難以感知對方的空間概念和生活經歷，少數有交流的機會，就是到他處進行，單純由經濟誘因驅使的商業活動，或是利益衝突時，因械鬥被迫產生的接觸，以至於接觸之後，不僅無法讓島民凝聚向心力，反而加深對立，持續成為互不連結的個體，這種情況，誠如李筱峰所分析的

　　　　分類械鬥，是奠基在原鄉認同的基礎上。臺灣為南北走向的長形島
　　　　嶼，其河川則多為東西走向，而清代政府不善交通建設，以致東西
　　　　走向的河流將南北走向的臺灣切割得非常零碎。（清帝國領有時代，
　　　　台灣南北的交流多仰賴與大陸之間的對渡交通，例如南米北送時，
　　　　從安平出發，清廈門再轉送至淡水）。因此很難形成南北一體的意
　　　　識。使得來自中國大陸不同地區的移民，仍一直以對其渡口岸的原
　　　　鄉為其認同對象。〔註7〕

　　地理條件的限制，地型的隔閡，加上現代化不足，造成各地的人民難以串連爭取同樣的價值，基於全島的「共同體感覺」，尚未產生，並無以全島為土地認同對像的「土地認同」，也沒有所謂的「臺灣人意識」，此意識型態，也有人稱之為「鄉黨意識」，張炎憲對於鄉黨意識的解釋「血緣和地緣是移民者團結合作的主要依據……鄉黨意識局限於地方或宗親關係，還未形成台灣意識。」〔註8〕，與此段的論述吻合。

　　除了鬥爭對象侷限於島內的分類械鬥如此，基於對抗政府壓迫而發生的「民變」，也無法以全島認同作號召，使各地居民響應而失敗收場，道光末年的臺灣道，徐宗幹云：「三年一小反，五年一大反」，偏向本地民族與外來統治者的對抗，大規模的民變，如戴潮春、林爽文所仗持的「反清復明」，實質偏向於政府和地方居民對立而產生的反抗，並非民族革命，「其實這一口號（按：反清復明），就是清據臺灣一般民間信仰乩童所慣用的模糊漢族文化意識而已，也是當時一般官激民反的叛變所慣用，以糾合群眾的形式……當時的臺灣社會，的確還沒有任何的社會條件，足以促成立基於『臺灣』這塊土地認同的『臺灣意識』。」〔註9〕，導致事件到最後不見全島奮起對抗清朝，

〔註7〕　李筱峰、林呈蓉，《臺灣史》（臺北：華立圖書，2003 年）頁 107。
〔註8〕　張炎憲，〈台灣史研究與臺灣主體性〉，《台灣近百年史論文集》（臺北市：吳
　　　　三連基金會出版，1996 年）頁 432。
〔註9〕　簡炯仁，〈日本帝國主的殖民統治政策與臺灣意識的崛起〉，《臺灣開發與族群》
　　　　（臺北：前衛，1995 年）頁 134～135。

追求建國，反而演變成受政府壓迫者，和遭政府收編者，兩派爲了各自的利益而交戰，形成官方促成的「泉漳械鬥」或「閩粵械鬥」，起義變成了族群對抗；地方勢力與地方勢力的交手。假若當時有基於臺灣認同的號召，或許就不會出現「同是臺灣島民，卻幫外族討伐臺灣島民」的，「以臺制臺」的悲劇。

對於當時的某些地方居民而言，扮演中央政權的忠誠者（loyalist，或是「義民」），在動亂中，藉由幫助清廷平定同爲臺灣島民的反抗，在政治地位上取得益處，清算歷史上與起義者的仇恨，乃至被封爲義民，保全本來擁有的安定的生活，抗拒社會的變動，反倒是同胞起義時，最該追求的目標，這就是楊碧川所謂的「臺灣人投機性格底下的，爲虎作倀的義民」〔註10〕。

中央政權深知此統治之道，乾隆皇帝在 1795 年，陳周全事件時，給臺灣道楊廷理的上諭，就提及該如何操弄臺灣人的族群對立，來幫助清朝政權平定臺灣的動亂：

> 臺灣地方向分漳、泉、粵三庄，伊等類聚群分，遇有事端，彼此轉得互爲牽制。即如林爽文、陳周全姿勢時，悉賴有義民，是以要犯得以就擒，迅速集事，否則僅恃該處弁兵，安能似此克其成功？甚或漳、泉之人串通一氣，勾結滋擾，剿捕豈不更覺費手。是該處民情不睦，亦只可聽其自然，倘有械鬥仇殺情事，地方文武原可隨時查拿，按律懲治，但此意該鎮道惟當默存諸心，又不可使漳、泉人知覺，轉啓朋比爲奸也。〔註11〕

在清國刻意的分化下，這些來到臺灣的「中國移民」，只能轉而成爲配合政府出動平亂的義民，或者被鎮壓的暴民，就是無法覺醒，成爲心懷土地的臺灣人民。

二、日本時代的臺灣認同

以臺灣爲主體認同的，「臺灣人認同意識」，成型於日本時代。分析各種論述，其生成的主要原因，可歸納爲下列數點：

〔註10〕楊碧川，《臺灣的智慧》（臺北：國際村文庫書店，1996 年）頁 121。

〔註11〕中國人民大學清史研究所、中國第一歷史檔案館合編，《天地會》（六），〈論哈當阿等臺灣民情聽其自然以期互相牽制〉（北京：中國人民大學出版社，1987 年），頁 36。轉引自林偉盛，〈清代臺灣分類械鬥發生的原因〉，張炎憲、李筱峰、戴寶村主編，《臺灣史論文精選（上）》（臺北：玉山社，1996 年），頁 267。

（一）臺灣總督府的設置

臺灣總督府的設置，將全臺灣設立成一完整的行政單位，全島的人民同屬於臺灣這個行政區塊，日本政府稱島民爲本島人，或是臺灣人，提供了將臺灣作爲土地認同基礎的機會。

設立了臺灣總督府，等同於正式宣告臺灣徹底的遭受到清朝的背棄，割讓初期，清朝在臺仕紳所組成的臺灣民主國，首領大都逃亡，留下原來世居於此的臺灣人獨自作戰，更讓臺民認清了外來者的不可信任，自己才是與土地相依爲命的住民，這股孤兒情結，讓島民燃起了，「自己的故鄉自己救」的想法，讓臺灣人的靈魂堅毅起來，爲以後的臺灣意識殿下了基石「祖先的血汗凝聚成抵抗外來統治的『臺灣人意識』，這股驕傲的火種燃遍整個美麗島，此後 20 年，臺灣人繼續武裝抗日，臺灣人意識（從此不再分爲漳、泉、閩、客及番仔了）更在外來暴政下鍛練出來，迎接民族解放的歷史任務！」〔註12〕。

也因臺灣總督府的確立，使臺灣不再附庸於中國，對於變成「外國人」的中國人移民多加限制，斬斷移民不斷帶入的原鄉情感，「強化了臺海兩地，地理阻隔所造成的島民對中國的疏離感，使割臺之恨的『孤兒情結』，在沒有中國的影響下，不利於臺灣島民「祖國意識」的持續發展。」〔註 13〕。這也符合前述王育德「大陸疏離和被外來政權分隔的結果，使台灣 Volk 強化其共同體意識」〔註14〕的論點。

孤兒情結引起的獨立自主意識；被阻斷的中臺交流，是臺灣意識生成的前奏曲。

（二）臺灣總督府的民族歧視政策

即便大規模的武裝抗日運動，隨著日本政府的統治趨穩而慢慢減少，但帝國政權秉持的，日臺差異化的統治策略，並沒有消逝，壓迫所造成臺民的怨恨，讓不願屈服的臺民，爲了人性的尊嚴，團結了臺灣人的反抗意識，這種凝聚力，正是民族意識的溫床，「民族意識（Nationalism）」的形成，外界的壓力扮演相當重要的角色。統治者制度化的民族歧視政策，是一個重要的催

〔註12〕楊碧川《簡明臺灣史》（高雄市：第一出版社，1992 年）頁 203。

〔註13〕簡炯仁，〈日本帝國的殖民統治與臺灣意識的崛起〉，《臺灣開發與族群》（臺北市：前衛出版社，1995 年）頁 136～137。

〔註14〕王育德，〈台灣民族論〉，《台灣青年》35～37 期，1963 年 10 月 25 日～12 月 25 日，此處轉引自《共和國雜誌》24～26 期，2002-07 之同名文章。

化劑。」〔註 15〕。這些統治手段本爲壓制臺灣人而生，但反而促使臺灣人更加厭惡日本人，「非我族類」的差別，也就這樣清楚的被區分出來了。

「六三法」、「匪徒刑罰令」、「住民刑罰令」、「公學校、小學校的教育場所差異化」，此類公權力制度化的歧視政策，使得島民從出生的身分上，就被預設爲與日本人不同的階級，當時的臺灣沒有自己的議會向帝國中心發聲，人民的期待只能透過主政者的施捨而獲得，當帝國剝削臺灣人時，臺灣人卻又在制度上得不到任何的救濟，處於無奈與困境的臺灣人，領悟到了自己要團結起來，才能加強自身力量的道理，遂而接受新式教育的一代，使能高喊「同胞須團結，團結眞有力」，「臺灣人都是自己的同胞」的概念嫣然誕生。

（三）現代化

現代化論，是普遍被認爲是造成臺灣意識生成的關鍵，但此舉實爲帝國政權無心插柳的結果，並非日本人本著爲臺灣人團結而給予的恩賜，不過臺獨主義者並不排斥此說法，例如王育德就認爲：

> 台灣 Volk 的封建分散性對日本並無利益，所以日本人開始大刀闊斧，對台灣的社會結構乃至台灣人的意識形態加以改造。結果，台灣很快地近代化，台灣 Volk 也完成蛻變，台灣民族至此大致成立。
> 〔註 16〕

現代化打破原生在自然、人文上的隔閡，串連全島人民趨爲整體的概念，可視之爲臺灣民族主義重要的溫床。

現代化對於臺灣認同生成較爲要緊的，是交通網路的建設，以及教育的普及性。交通網路的建設，使得島民有互爲串連的網絡，開拓了視野邊際，各地域的島民，心中想像的臺灣，不再只是眼前的居住地；教育的普及性，讓島民從漢人到番族，首次有了共通語言和現代化的科學知識，各族群終於有了溝通的工具，打破文化上的藩籬，科學知識帶給現代化的價值觀，在打殺之外，多了其他處理爭議的方式，減少各族群間動輒相殺的機會，製造了認同的契機，也讓臺灣人相較於仍處在封建社會的中國人，有更進步的生活知識，諸如「拍拼」這類的衛生概念，衍生爲深植臺灣人的習性；臺灣人的

〔註 15〕簡炯仁，〈日本帝國的殖民統治與臺灣意識的崛起〉，《臺灣開發與族群》（臺北市：前衛出版社，1995 年）頁 137。

〔註 16〕王育德，〈台灣民族論〉，《台灣青年》35〜37 期，1963 年 10 月 25 日〜12 月 25 日，此處轉引自《共和國雜誌》24〜26 期，2002-07 之同名文章。

哲學觀，迥然不同於中國人。這些建設的初衷，本是爲了方便統治者管理臺灣，但其所造成的影響誠如簡炯仁所提出的

> 全島交通網的完成及溝通網路的建立，不但消弭地形阻隔所形成的族群隔閡，進而促進島內族群的融合，同時也將清據時期，因河川的阻隔所形成地域市場，聯結起來成爲一個全島性的市場，以利鑒於土地認同的「臺灣意識」的持續發展。〔註17〕

現代化也造成了番族意識的覺醒，使原住民從部落意識（也就是漢人的「鄉黨意識」），生成了孫大川所謂的泛原住民族意識「日本的『皇民化政策』及其有效之推行，也將原住民帶向一個他們從未有過的新體驗：『國家認同』」〔註18〕。雖然此意識所認同的標的是日本帝國，但其超越部族的國家概念，也在日本人離去之後保留下來，成爲往後臺灣認同的基礎。

日本時代的臺灣人認同，是相較於「內地人（日本人）」而來的「本島人（臺灣人）」意識，目的在於區隔統治者與被殖民者，強調「台灣不是日本人的台灣」〔註19〕雖然以臺灣全島爲認同單位，但內部的中國認同尚未解除，沒有認知到中國人與臺灣人的差異性，以至於戰後熱烈迎接中國政府的到來，而沒有與其他殖民地同步，在戰後成爲新興國家，但這只是臺灣人在歷史上暫時的迷惘，在新的外來政權到來之後，在日本時代臺灣認同的基礎上，更加精進的民族意識，並沒有停止其發展的腳步。

三、戰後的臺灣認同

戰前生成的臺灣人的概念，即便仍有模糊的地帶，在臺灣人是否爲中國人之中遊走不定，但此拉鋸，在戰後諸多因素趨使下，臺灣人已越來越堅定，確立排除中國意識的臺灣國族意識穩定生成。其中的脈絡，該是二二八使然。

戰後的臺灣人，因現代化的進程，遠早於中國人，中國政府來到臺灣之後，原本存在於島民意識裡，那透過想像，模糊存在的漢族認同反而幻滅，

〔註17〕簡炯仁，〈日本帝國的殖民統治與臺灣意識的崛起〉，《臺灣開發與族群》（臺北市：前衛出版社，1995年）頁136～137。
〔註18〕孫大川，〈夾縫中的族群建構——泛原住民意識與台灣族群問題的互動〉，《台灣近百年史論文集》（臺北市：吳三連基金會出版，1996年）頁367。
〔註19〕李筱峰，〈一百年來台灣政治運動中的國家認同〉，《台灣近百年史論文集》（臺北市：吳三連基金會，1996年）頁283。

取而代之的是更殘酷的打壓，在打壓中，認清自己不是中國人，卻又被中國人當成是日本奴化教育遺民的錯亂，在世界找不到歸屬的臺灣人，再度產生清朝割讓臺灣時的「孤兒情結」，這些「亞細亞的孤兒」，積極的尋求符合臺灣人的群體意識，尤其緊接著二二八而來的白色恐怖統治策略，臺灣人再度經歷歧視和窒息的壓迫，鬱悶的大環境，孕育了臺灣人「出頭天」的期許，此期望因為國民黨的壓制，長期噤聲於臺灣社會，但在經歷「退出聯合國」的政治風暴後，臺灣是中國合法政權根據地的黨國神話破滅，面臨窘態，此時全島的居民必須共同承擔，面對臺灣的政治事實，思索臺灣的定位，以圖生存。「自己的故鄉自己救」，當年祖先們面對被清朝遺棄時所發出的怒吼，再次被臺灣人憶起，憂慮的作家，針對臺灣該是甚麼？展開了鄉土文學論戰，再度為臺灣認同的進展作了大步的推進。

葉石濤認為，鄉土文學論戰，就是臺灣社會路線問題的討論：

> 這好比是光復以來台灣社會內部所隱藏的有關政治的、經濟的、文化的各種未得解決的問題癥結，藉由這文學路線的檢討，傾刻間爆炸開來一樣，因此鄉土文學論爭，其實是對臺灣未來應走向哪一條路的，意識型態之爭的表面化和具象化〔註20〕

鄉土文學論戰，觸發了臺灣人應以為自身土地為關懷目標的寫實主義觀念，促成了八十年代，以公民自身權益為出發點的各種社會運動，王建民在探討消費者文教基金會生成背景的文章中指出：「它標誌著民眾開始團結起來以集體組織的力量來維護自己的權益，不僅揭開了台灣消費者運動與反公害運動，也成為台灣社會運動發展的一個里程碑。」〔註21〕。

遍及各層面的「自力救濟」、「自救運動」，動搖了國民黨的威權統治「八○年代國民黨威權統治鬆動，在經濟發展過程中成長起來，卻久被壓抑的社會力量紛紛興起。」〔註22〕針對議題的組織動員，演變為挑戰黨國最大禁忌，一切議題的最根本，「未臺灣化的政治結構」，於是乎，民進黨的創立；解嚴；臺灣人李登輝成為總統，臺灣人終於出頭天，一吐怨氣，不再甘為黨國神話底下的中國人，扳回被奪走的記憶，展開 1990 年代開始，蓬勃發展的本土化

〔註20〕葉石濤，《台灣文學史綱》（高雄市：春暉出版社，1998 年）頁 137。
〔註21〕王建民，〈八十年帶台灣社會激盪及其思考〉，《台灣史研究會論文集》第三集（臺北：台灣史研究會，1991 年）頁 427。
〔註22〕杜繼平，〈九○年代台灣政治的走向〉，《台灣史研究會論文集》第三集（臺北：台灣史研究會，1991 年）頁 258。

運動，此時的臺灣人認同成長，進入前所未有的效率，在進程上，臺灣人已擺脫 Volk，越來越接近國族的定義之中，臺灣民族也就此有了穩固基礎，直到今天，這個屬於臺灣民族的輪廓還在描繪，且越來越清晰。

第二節　臺灣符號的來源、類別

　　從地方意識到臺灣意識，島民在與外來統治者的差異化中，描繪出自身的形像，而所謂「臺灣民族」的共同想像的基礎為何？臺灣並非世界上僅有檳榔的地方，檳榔如何成為臺灣民族認同的代表事物？檳榔成為臺灣意象的過程，與台灣認同的形成，是否有相同的脈絡？

　　探尋文化表現的目的在於，藉由具象化的事物，可以識別該民族的精神，這是一種「由意義外推到表現，再由表現回歸於意義」〔註 23〕的動作，使得民族的成員，在發掘自我性格的養成道路上，有著追隨的依據。

　　一切可以聯想到臺灣的符徵，都可當作是臺灣人的符號，在臺灣，作為臺灣人符號的事物，最常見的是臺灣島，因為臺灣島的形狀具有高識別度，在世界地圖上面找不到與之相同者，但用臺灣島代表臺灣，是天經地義的作為，屬於「圖像類（iconic）」的符號，本章節所要探討的，是經歷演繹詮釋之後，能連結臺灣的「象徵類（Symbolic）」符號，這類的符號，具有「符號與其所指只是被武斷地或約定俗成地聯結在一起」〔註 24〕之特性，本章節要討論的，就是這個「約定俗成」的生成因素。

　　依據本土陣營的政治符號、官方的宣傳文件，可以歸納出有「番薯」、「野百合」〔註 25〕、「臺灣水牛」、「鯨魚」〔註 26〕、「台灣黑熊」〔註 27〕、「一零一大樓」〔註 28〕、「媽祖」、「臺灣話」以及布袋戲等等，可以作為臺灣的文化表現。

〔註 23〕 葉海煙，《臺灣人的精神》（臺北：財團法人群策會李登輝學校，2006 年）頁 60。

〔註 24〕 Terry Eagleton 原著，吳新發譯，《文學理論導讀》（臺北：書林出版有限公司，1993 年）頁 128。

〔註 25〕 例如：野百合學運。

〔註 26〕 例如：1996 年總統大選時，民進黨候選人彭明敏、謝長廷就以橫置的臺灣，化作鯨魚的形象來作為陣營的識別符號。

〔註 27〕 特有種，故為臺灣代表符號。

〔註 28〕 例如：交通部觀光旅遊局「旅行臺灣，感動一百」的識別標識，就是以 101 大樓為主要圖案，請見 http://admin.taiwan.net.tw/auser/B/201001/taiwan_100/taiwan_100.htm

一零一大樓是人造建物，其符號意義在於它曾經是世界最高樓，象徵了臺灣的經濟力量，以及世界最高樓稱號所帶來的世界知名度，但除去了世界級高樓的條件，要符號化為臺灣精神的象徵，恐還有難度。

野百合和臺灣黑熊，都是臺灣特有種，與本論文所探討的非原生事物，檳榔成為臺灣符號的條件不同，本章節主要分析非臺灣特有，最後卻能成為具臺灣代表性的事物，藉以論述檳榔的符號化過程。

許多具有本土代表性的符號，事實上都不是本土原生的事物，象徵臺灣人刻苦耐勞的「臺灣牛」；形容臺灣人具有堅毅任性的「番薯」；號稱臺灣島上最盛大的宗教祭典「媽祖遶境」；臺獨分子在公開場合必定使用的「臺灣話」；都如同檳榔一般，最原始不存在於臺灣島上，經歷演變，卻成為足以為本土標榜的重要符號。

臺灣本無原生種的牛，直到漢人來臺墾殖時，帶入了原鄉以牛隻協助耕種的方式，接著荷蘭人為提升臺灣農業生產力，引進了大量的牛隻：「……由於臺灣並無原生種可供農業需要的牛隻，所以農業需要的牛隻大多由中國大陸運過來，出渡海來台之時便是人牛一起。接著荷蘭人從印度引進了牛隻，以為臺灣殖民的需要……」〔註29〕。

本單純為工具性質的牛隻，世代相伴農民耕種，在農家生活中有不可或缺的地位。相較於沒有農田耕作的外來統治者，往往位居管理階層的行政職，雙腳無須踏入泥土，也不需要接受日曬雨淋，卻可在島上獲取較農民為高的社會地位。人數較多，貢獻社會整體生產力，卻始終位處階級低處的農民，將自己明明勤勞努力，卻無法出頭天，也不懂得向權力高處爭取權利，世代聽從外來統治者號令的苦悶情緒，投射在同為默默耕種，性格溫馴，聽從指令的牛隻身上，因而產生「甘願做牛，免驚無犁通拖」的認命思想，本土的政治領袖，也會以「臺灣牛」自居，賦予所謂的「水牛精神」以號召具有相同情結的本土派的選民認同。這是數百年來，臺灣人經歷數個外來政權統治，在政治無奈下形成的認同建構。

番薯是哥倫布大交換時傳入歐洲，再進入亞洲的作物，傳到臺灣後，成為底層人民生活不可或缺之糧食，也是臺灣重要的象徵。

「……不知道從何時開始，一般民眾，尤其是一些政治界的人士，發明

〔註29〕孫寅瑞，〈牛肉成為台灣漢人副食品的歷史觀察〉（桃園：國立中央大學歷史研究所碩士論文，2001 年）。

了這樣的分類：本省人，多半是指一八九五年前來到台灣的人民，稱為『番薯』；一九四五年後來台的外省籍人士，稱為『芋仔』……」〔註30〕。在臺灣，推廣本土理念的電視台叫做「臺灣番薯臺」；草創初期與民進黨有切身關係，由臺灣最後一批政治犯之一的陳正然，所成立的搜尋網站叫做「番薯藤」；「尤其在特定的政治場合，吃番薯更成為爭取認同，與親近臺灣土地的意象〔註31〕」本土政黨的造勢會場上播送的歌曲以「兩千萬粒的番薯子，不敢叫出母親的名」，書寫臺灣人對於自身認同的襟聲的悲哀；半山考古學家強調自己的臺灣人血統，也自稱「番薯人」〔註32〕，可謂臺灣本土重要的象徵物，主因是臺灣島的形狀本身就與番薯神似；番薯具備常民性，「番薯不因生長環境貧瘠而死亡，反而大都能落地生根繼續蔓延，這跟先民們開疆拓土之精神一樣」〔註33〕，與番薯關連的事物存在於臺灣人的集體記憶中，自然將臺灣人的宿命、性格，投射在番薯上，如同楊碧川所描述的「臺灣人自比為『番薯仔』，以別於『芋仔』（大陸中國人）。番薯不是甚麼貴重的植物，但卻容易生長，台灣人也就是如此韌性，不怕苦難，一代一代地枝葉蔓延，生生不息。」〔註34〕，故臺灣的語言裡，出現了像是「番薯不怕落土爛，只求枝葉代代湠」、「時到時擔當，沒米煮番薯湯」這類表示臺灣人生存毅力堅不可摧，臨機應變，以面對動盪歷史的俗諺。

主要在清朝傳入的媽祖信仰，歷經數百年的演化，已經臺灣化，民俗學者林茂賢認為：

> 「臺灣的媽祖不再是鄰家女孩的形象，而是以臺灣人母親的形態呈現」、「來臺多年的媽祖早已成為地方的保護神，更有在地化的稱謂……」、「媽祖原為航海之神……從諸多盛傳的媽祖傳說及神蹟，可發現媽祖不但是自然災害的防護神，在人為的戰亂中，也擔負起

〔註30〕蔡承豪、楊韻平《台灣番薯文化誌》（臺北：城邦，2004年5月），頁139。

〔註31〕林楚羚，〈番薯在臺灣社會變遷中形象轉變之探析〉，「2012臺灣飲食文化寄餐飲關理國際學術研討會」論文（國立高雄餐旅大學臺灣飲食文化產業研究所主辦，2012年）。

〔註32〕張光直《番薯人的故事》（臺北：聯經，1998年2月），張光直為臺灣文學作家——張我軍的兒子，籍貫在臺灣，不過生長於北京，於戰後回臺，晚年出本了此自傳。

〔註33〕林楚羚，〈番薯在臺灣社會變遷中形象轉變之探析〉，「2012臺灣飲食文化寄餐飲關理國際學術研討會」論文（國立高雄餐旅大學臺灣飲食文化產業研究所主辦，2012年）。

〔註34〕楊碧川《簡明臺灣史》（高雄市：第一出版社，1992年）頁53。

護佑民眾的任務，祂與台灣歷史、民眾的生命歷程有著密不可分的
關係，其本土化程度之深亦無庸置疑。」〔註35〕

在臺灣從「造型」、「名稱」、「功能性」等處，都與原鄉產生不同的面貌，，
媽祖信仰遍佈全島，臺灣是世界媽祖信仰人口密度最高的地區，媽祖具高度
的普遍性，在臺灣有別於其他地區的定義，媽祖信仰已經臺灣化。

由中國傳入的閩南語，在臺灣演化成臺灣話，社會結構上，是最多人使
用的語言，爲臺灣的自然共通語，在數百年來的發展中，臺灣話產生了漳泉
濫、外來語融入、白話字等，與閩南語不盡相同之特色，然而這個島上最多
人口使用的語言，在歷史上遭遇兩次的「國語運動」，受到打壓，尤以國民
政府在戰後對於臺語的壓迫更爲嚴重，激起使用臺語的本省人，出現「越限
制，越要刻意使用的」反支配的情結。政治上，爲了號召臺語族群挑戰由中
華文化壟斷的政治結構，本土派政黨在公開場合，大量的使用臺語，使得後
來，就連早年壓迫臺語族群的國民黨籍外省候選人，在面對本省群眾時，也
只得刻意使用臺語，以拉近和選民的距離，臺語，是本土文化的重要符號。

這一連串「外來」演變化爲「本土」的過程，及爲本土化，屬於民族建
構的的過程，臺灣人歷經數個殖民政權，從漢人移民，轉爲明朝遺民。明朝
遺民後來成了清國奴。清國奴，又從日本皇民，轉換爲中國人，同個土地上，
同一群人，在各時代，擁有互爲對立的稱呼，不停變換的歸屬，讓臺灣人對
於國族認同摸不著邊，卻也在尋求各種國族認同之中，慢慢形成自身的民族
意識。

第三節　檳榔作爲臺灣符號的脈絡

並非臺灣源生事物的檳榔，成爲臺灣人自我認同的符號，其過程，與臺
灣牛、番薯、媽祖、臺語等事物，分別有幾個相同的生成要素，本論文在先
前的章節，已經討論過檳榔在臺灣演化出的，有別於世界其他地方的特殊文
化，除了獨特性，還需有其它的脈絡促成檳榔成爲臺灣的符號。

一、生活上的普遍性

某物要成爲某群體的符號，首要條件，是此族群大部分的成員，都認知

〔註35〕林茂賢，〈臺灣媽祖傳說及其本土化現象〉，《靜宜人文學報》17 期（2002 年）
　　　　頁 91～113。

此事物的存在；普遍的會使用它，否則此事物難以具備該群體的代表性。該事物必須是該群體的基本認知，知識範圍中能夠理解的事物；本身，或是身邊的成員，普遍具有使用該事物的經驗，才能對該事物產生共識，這就是該事物的普遍性。假若此事的普遍性在當代已經下降，但在過去曾經具備高度普遍性，例如水牛耕田的景象在現代已不是臺灣遍地可見的經驗，但在過去，是大部分島民日常生活中的一部分，則群體對該事物的認知仍然會透過記憶的傳承遞送到現代，成爲建構認同意識的基石，「根據『結構論』，民族是經過人爲想像、建構而來的共同體，除了建立在過去的集體記憶（或歷史）、以及現在的共同經驗，更要建構未來的共同願景」〔註36〕，這些人們習以爲常，留傳數代的常民生活方式，整合起來，正是臺灣民族的內涵，假若該事物在該群體中，發展出獨自的使用方式或者定義，足以區別出其它同樣擁有該事物的群體之之不同，具備識別度，則該事物可成爲該群體的符號。故，事物即便不具備像是特有種的原生獨特性，也能夠成爲群體的代表。

從臺灣話來看，普遍性也是建構民族認同的重要因素，馬克思在分析語言共通性與民族建構的論述中，共通性也被視爲首要因素：

> 馬克思主義式的民族定義中，第一項被舉出的是語言的共通性。懷斯蔼柏（L. Weisgerber）強調語言有塑造思考形式以及規範世界觀的作用，並認爲共同的語言是形成所有精神文化的基礎。關於語言的共通性民族的本質，他有如下的說明：「任何人都不能自語言共同體中逃避，又因其強固地滲入個人及共同體的所有行爲，人們將語言共同體視爲民族共同體必須的前提，同時也自然地將其賦予的範圍做爲特徵。」〔註37〕

檳榔與番薯這類的常民事物相同，皆是民間普遍經驗中會接觸到的事物，其常民性，婚事、祭拜等生命禮俗會使用檳榔；工作會吃檳榔；社交場合會相請檳榔，無所不在，除了功能性，還有宗教性。就如同某個世代的許多本省人家庭曾經以番薯爲主食；眾多臺灣人曾祭拜媽祖、信奉媽祖；臺灣人家庭以臺語交談、溝通，這些日常生活會普遍接觸到的事物般，檳榔早已是島民集體記憶的要素，例如檳榔，與番薯從清朝開始就存在於臺灣人民普遍的經驗之中，《彰化縣志》對於檳榔對於臺灣人的普遍性，有如下的記載：

〔註36〕施正鋒，《台灣民族主義》（臺北：前衛，2003 年）頁 95。
〔註37〕王育德，〈台灣民族論〉，《台灣青年》35～37 期，1963 年 10 月 25 日～12 月 25 日，此處轉引自《共和國雜誌》24～26 期，2002-07 之同名文章。

「每日三餐，富者米飯，貧者食粥及地瓜，雖欠歲不聞啼饑也。葷菜則稱家之貧富耳。惟檳榔為散煙瘴之物，則不論貧富，不分老壯，皆嚼不離口，所以有黑齒之誚也」〔註38〕。

在當時，檳榔更勝番薯，超越了階級，貧富群體的民眾，都有認知經驗，普遍性更高過於番薯，在有統計數據的現代，最近期的調查，嚼食檳榔的人口比率最高的，40～49 歲的族群，也還有約莫百分之十六以上〔註39〕的人口食用檳榔，可說嚼食人口眾，使用經驗廣泛，故島民對檳榔是有普遍認知的。

前文在討論臺灣認同時，曾經論述，因現代化而突破狹小地域限制，以及全島共通語得形成，進而促成跨越族群，擴及全島的共同體意識。以共通性來檢視檳榔的存在，其使用不僅跨越階級，也跨越族群，其社交功能性，也被各族群接受，相當於通行全島的共同語言，足以作為臺灣符號的基礎。

臺灣主體性的生成過程，臺灣人不斷找尋，超脫中國文化，突顯「臺灣之所以為臺灣」的要素，但對於這些事物的記憶，以及臺灣人將性格投射於這些事物的做法，卻也早就深植人們的心中，成為足以代表臺灣民族的符號。

二、在壓迫中產生意識

檳榔與臺灣話，成為臺灣認同的重要符號，其中的一個生成要素，是統治者的打壓促成的，島民在打壓中，認清了自身與統治者文化上的差異，階級上的差異，省思出島民與統治者存在著「非我族類」對立關係。

> 「本位」意識是指人受到外在環境（尤其指其他團體）的壓迫後，所產生的一種本能性的反射現象，它是由自卑情結而引發的知性自覺。臺灣本土意識的覺醒，可以視作對「西方意識」與「中原意識」雙重壓迫下的一種復合性反彈情結，只有透過自我信心重建，才能

〔註38〕周璽，《彰化縣治》，《臺灣文獻叢刊》第 156 種，卷九‧風俗志〈漢俗‧飲食〉（臺北：臺灣銀行，1962 年）頁 289。

〔註39〕國民健康署衛生福利部，〈年齡別及教育程度別之男性嚼檳榔率與檳榔認知率〉（臺北：衛福部，2012 年）。http://www.hpa.gov.tw/BHPNet/Web/Service/FileCount.aspx?file=ThemeDocFile&TopicFile=20111031015436 3197&TopicFilenam e=%e5%b9%b4%e9%bd%a1%e5%88%a5%e5%8f%8a%e6%95%99%e8%82%b 2%e7%a8%8b%e5%ba%a6%e5%88%a5%e4%b9%8b%e7%94%b7%e6%80%a7 %e5%9a%bc%e6%aa%b3%e6%a6%94%e7%8e%87%e8%88%87%e6%aa%b3% e6%a6%94%e8%aa%8d%e7%9f%a5%e7%8e%87_20131002.doc

擺脫壓力的陰影。」〔註40〕

此時島民所面臨的課題，是接受文化上的歸化，試圖讓自己成爲「他者」的一份子，而取得相等的位階？或者勇於標榜自己的文化，進而建構出民族認同？根據民族主義建構論，壓迫確實能將不同血緣關係的群體結合起來，凝聚出超越原始結合因素的新群體，「從結構論的角度來看，正是因爲異族的征服、佔領、以及欺凌，才孕育了百姓的民族認同感。臺灣民族運動起源於對於外來政權的反彈……」〔註41〕，在日本時代，因爲臺灣總督府的設置、臺灣總督府的民族歧視政策、臺灣的現代化等要素，催化島民產生以土地爲認同出發點的「臺灣意識」〔註42〕，其中歧視所帶來的壓迫感，讓受壓迫的人思考團結，產生了共同體意識，「族群（Ethnic group）的形成及族群意識的覺醒，基本上，是不同社會團體之間，制度化的不平等所促成的歷史的產物」〔註43〕。陳芳明對於臺灣意識與壓迫的關係，有下列的觀點：

> 將近四百年來的台灣社會，是個在移民者的辛勤開拓與殖民者的瘋狂掠奪過程中一點一滴累積塑造……無垠的殖民者雖屢次更迭，但生根的移民者則在特定的社會和經濟條件制約下，再配合他們主觀願望的抗爭意志，終於慢慢地釀造了一種堅強的本土意識，並進一步發展成現在所公認的台灣意識。〔註44〕

受打壓的群體，能夠有兩種選擇，一是屈服於統治者的規範，二是在心中埋下反抗的種子，伺機反擊。在一九八零年代後，島民不再忍受屈辱，高舉臺灣話的大旗，與統治者區隔，蕭阿勤認爲，臺語之所以成爲本土派之標榜，這是這種受盡屈辱之後的反彈力道所致「台語被視爲『台灣民族主義』的表達工具，確實是在社會、文化，尤其是語言方面對官方語言政策的反彈。」〔註45〕。這種反彈，可能是叛逆性的，流於情緒性的，不完全理智性的，管

〔註40〕梅丁衍，〈台灣現代藝術本土意識的探討〉，《雄獅美術》249 期（1991 年 11月）。

〔註41〕施正鋒，《台灣民族主義》（臺北：前衛，2003 年）頁 93。

〔註42〕此處整理自簡炯仁，〈日本帝國主的殖民統治政策與臺灣意識的崛起〉，《臺灣開發與族群》（臺北：前衛，1995 年）頁 133～147。

〔註43〕John L. Comaroff，〈Of totemism and ethnicity: Consciousness, practice and the signs of inequality〉，《Ethnos: Journal of Anthropology》Volume 52, Issue 3-4（1987 年），此段中文爲簡炯仁教授在〈日本帝國主的殖民統治政策與臺灣意識的崛起〉中採用的翻譯。

〔註44〕陳芳明，〈現階段台灣文學本土化的問題〉，《臺灣文藝》86期，（1984 年 1 月）。

〔註45〕蕭阿勤，《重構台灣：當代民族主義的文化政治》（臺北：聯經 2012 年 12 月），

仁建在探討臺語成為黨外候選人語言的文章裡，曾間有過如下的看法：

> 成年之後，看到美麗島事件後，競選時那些受刑人家屬「代夫出
> 征」，在台上全程使用台語，控訴國民黨的不公不義、獨裁霸道；
> 其實他們說的究竟是什麼內容，大家也不關心，只要他在台上大聲
> 說出台語，選票就到手了。……爭取權利的過程中，夾帶著情緒的
> 母語訴求（其實也就是族群版塊切割），效果絕對大於空洞的公義
> 制度。〔註46〕

檳榔成為臺灣民族主義的象徵，與臺灣話的形成脈絡類似，都來自於受
打壓之後的反彈。在之前的篇章已經討論過，臺灣各族群普遍存在檳榔文化，
社交禮數上，檳榔也是共通語言，但此共通語並不適用於中國來的國民黨政
權，跟隨國民黨政權來臺的外省族群，其原鄉不一定具備食用檳榔的習俗，
來到臺灣之後，基於對臺灣文化的抗拒性，這個風俗並沒有廣泛的被外省族
群接受，在族群的區隔上，產生了識別度。

於是乎，1997年開始的，官方對於檳榔制度化的打壓行動，受到衝擊的，
絕大部分是所謂的本省族群。因為政府的論述，檳榔族背負醫療問題、水土
保持問題、社會問題的罪名，更實際的層面是，食用檳榔人口減少，對於從
事檳榔產業為生的從業人員，在經濟層面上受到衝擊。就如同統治者在臺灣
所實施的許多制度性的政策一樣，無法遵從制度的族群，成為受教育不足的、
反智的、阻礙社會進步的一群人，更有甚者，成為損害臺灣國際形象的一群
人。這就好比政府推行國語運動時，刻意操作，講臺語的人，是阻礙族群和
諧的元兇，是沒有受過正規教育的愚民，因而使用臺灣話者，具有教育程度
低落，社會地位低下的刻板印象，假若使用臺語，則落入此刻板印象中，也
該具有此刻板印象的內涵，因而訴求時尚的商品，不能和臺語掛勾，用臺語
作為廣告語言的，只能是高齡族群所需的藥品，因為高齡族群教育程度低，
它們缺乏尋求正規治療的觀念，迷信偏方，所以藥品的客群是他們，因而產
生了施並錫所云「觀察最近電視廣告，與往昔相同，依舊是說國語的廣告，
其畫質色彩、內容創意及男女代言人均較優異；說台語（含客、原民語）者
則反之……『為什麼講臺語的廣告，常常和肛門屁股有關，聽了想吐』。」的

頁232～272。

〔註46〕 管仁建，〈台灣的霸權國語與悲情方言〉，《你不知道的台灣‧影視秘辛》（臺
北市：文經社出版社有限公司，2013年）本文引用網路版本 http://mypaper.
pchome.com.tw/kuan0416/post/1281895814。

難堪處境，事實上，即便是賣藥廣告，也是常民文化的一環，沒有甚麼不對，錯在這些現象，被掌握文化建構的官方力量刻意操作成，「臺語電臺，都在賣藥，臺語電臺講臺獨意識，是為了賣藥，推論出，「臺獨分子都是些迷信偏方的老人，害臺灣的洗腎率全世界第一，臺獨是沒有水準的意識型態」不僅將臺獨支持者的形象塑造成跟不上時代的一群人，也把電臺宣傳臺獨的初衷，醜化成「不是為理念，而是為了用那些迷信偏方來賺錢」，以表現攻擊內涵的運作模式，也在刻意操作中，摘除了臺語的標準化，使臺語成為無法因應時代而注力生命力的語言，在正規環境無法使用的語言，只能存在於常民生活中，而且是高齡層的常民生活。檳榔的處境，與臺語如出一轍，讓檳榔成為某些人為了形象，而避免之的事物。筆者在田野調查時，訪問過一位任職於公家單位，家中種植荖葉，父兄親人皆有食用檳榔的受訪者，設想上，家族從事檳榔產業，是檳榔文化的受益者，家族中的成員也都實際有使用檳榔，他應該是檳榔的嗜好者，但受訪者卻表示：

筆者：那你覺得，一些戲劇中，設定吃檳榔的角色都是粗魯的人。
　　　流氓跟檳榔有甚麼關係？

陳：可能是兄弟剛好都有吃，所以才會有這種印象，但這是個人的
　　嗜好啦！像我們出去，我爸爸、叔叔，都有吃，我自己沒有吃
　　而已，也不會覺得檳榔多差阿！就跟抽菸一樣阿！要吃不吃看
　　個人啦！你沒有吃，也不能勉強你吃阿。兄弟人會吃，也是為
　　了拉近距離，稱兄道弟，公教人員的話，本身就比較斯文，而
　　且他們的場合也不適合，相對的，吃檳榔的族群會比較中下階
　　層，勞工啦！

筆者：所以你覺得公教人員比較不會吃檳榔，根本身的環境有關？

陳：對，而且他周遭的人都沒有吃，他自己吃也會覺得怪怪的。
　　〔註47〕

受訪者在其常民生活之中，具有豐富的檳榔經驗，也認知到檳榔的使用是出於每個人單純的嗜好，沒有相信社會輿論操作所提到的，有負面形象的人才會使用檳榔的刻板印象，但其進入到體制中的時候，卻也認為，「在斯文

〔註47〕訪問對象：陳先生，訪問時間：2012年1月8日，受訪者身分：農業資材業者（華隆農業資材行）家族種荖葉，曾經在臺東農改場當過約顧人員。受訪地點：臺東市小曼咖啡館。

的公教人員群體中，食用檳榔是不恰當的」，這與生活之中講臺語很普遍，但在學術場合中，官方的正式場合裡卻避免使用臺語的「雙言現象」情況相似，其群體已經將使用場域的界定，內化在行為上，自動判斷在某場域使用某事物，是「入流」或是「不入流」的。

　　一九八零年代以來的本土化運動，或許就是要扭轉擁有權力者，加諸於本土文化的片面、負面式的討論，因而在 1997 年，官方制度化的將檳榔打成臺灣社會問題的根本之後，受到影響的檳榔族群，以及具有本土意識的知識分子，理解不能理所當然地接受統治者的貶抑，而在論述上提出了反制。具有檳榔文化的族群，和國府政權有著分明的族群版塊，官方的檳榔論述，很自然的就被認作是對於臺灣意識的歧視，於是乎，檳榔與臺灣認同的連結就這樣產生了。故，檳榔成為臺灣的符號，就如同臺語成為臺灣民族符號的脈絡般，有來自於官方系統化的壓迫生成動力。

第四節　檳榔形象與臺灣人的性格

　　海翁象徵迥異於中國大陸系統的臺灣海洋文化，其橫擺的形象，意味著破除既定的臺北觀點，將全臺灣放在同個水平線上檢視。臺灣水牛則表現了臺灣人刻苦耐勞的勤奮，「台灣人就像是溫馴的水牛，默默耕耘，背負著數百年來被壓迫的歷史命運。」〔註48〕，在統治者的打壓中，也能忍耐過來的性格。蕃薯表示臺灣人在各種險惡環境下，都能夠想盡辦法取得生存之道的韌性。以上的事物，透過外在的表現，能夠被賦予和臺灣人性格相連結的意義，檳榔也可以做相同的推論。

　　檳榔要生長數年才能結果，但其根系卻顯短淺，代表了臺灣人在土地上著不著根，面對統治者的壓迫，時常要放棄已經辛苦建設的家業，家園流離失所，在自己的土地上流浪；檳榔的枝幹筆直，且與竹子不同，不會節外生枝，象徵著臺灣人的思考模式，時常相當直線，不做多想。

　　檳榔果則應該要被賦予臺灣人「拍拼」性格的內涵。拍拼（打拼）是種發源自日本時代的臺灣人性格，關於「臺灣精神為何物」的討論，打拼精神被認為是臺灣精神的內涵，因而〈愛拼才會贏〉為主題的民間歌曲廣為流傳，「打拼精神」也是個從外顯行為演譯為內涵的詞彙，關於打拼的源頭，早年

────────────

〔註48〕楊碧川，《臺灣的智慧》（臺北：國際村文庫書店，1996 年）頁 262。

先提出論點的楊碧川認為，「打拼」一詞，是臺灣人在日本時代經歷現代化的
而產生的詞彙：

> 其實，台語的「打拼」一詞，在日本統治期間才廣為流傳起來。日
> 本人眼看台灣人不識字又沒衛生，動用警察每年春秋兩季，強迫台
> 灣人大掃除，將厝內所有被褥拿到屋外用力打撢，拍掉虱子、臭蟲
> 和跳蚤；又叫人把房子打掃乾淨，叫作「拼厝內」。日本警察的台語
> 半生不熟，把打棉被和拼厝內省為兩個字，沿戶叫人「打拼」。台灣
> 人也在互相見面寒暄時說：「有打、拼無？」久而久之，「打拼」成
> 為勤勞代用語。〔註49〕

黃文雄也持相同的觀點：

> 臺灣人在這種環境之下很喜歡說「打拼」。這句含有「加油」意思的
> 台灣話，由於既沒有漢字亦沒有日文漢字，因此被認為是台灣在日
> 治時代所產生的語言。在日治時代，台灣的總督府為了撲滅風土病，
> 遂進行一般家庭的衛生改善工作，分別於春天和秋天進行兩次的大
> 掃除，然後經由警察巡迴各個家庭作衛生檢查。台灣人把在太陽下
> 拍打棉被叫做「打棉被」，把清掃房間叫做「拼房間」，這就是「打
> 拼」兩個字個語源〔註50〕

對於「打拼」從日常生活作息，衍生出的意涵，楊碧川的觀點，有部分
是偏向負面的意義：

> 「拼」字，在台語衍生為「拼命」、「車拼」、「拼館」等意，反而很
> 少用在掃除，例如「拼畚箕」、「拼厝內」等原來的本意。台灣人一
> 天到晚叫著「愛拼才會贏」，連統治者也把一首以此為名的歌曲（葉
> 啟田主唱）作為競選時的「黨歌」。……台灣人的「拼」、「車拼」，
> 往往是面子問題或意氣之爭，絕少有為真理、理想而全力以赴，甚
> 至付出生命也在所不惜的情操……「打拼」的另一種解釋是努力賺
> 錢，相當符合台灣人追求財富的性格。〔註51〕

黃文雄則認為，「打拼」所衍生出的精神意涵，是具有積極開拓層面的意
思：

〔註49〕同前註，頁55～56。

〔註50〕黃文雄著，洪平河譯《日本留給台灣的精神文化遺產》（臺北：前衛出版社，
2008年）頁46。

〔註51〕楊碧川，《臺灣的智慧》（臺北：國際村文庫書店，1996年）頁56。

> 至少，台灣人並不像中國人那麼保守，而是充滿著積極進取的開拓
> 精神，碰到困難的時候，就會發揮「打拚」的精神，拚命的努力。
> 乍看之下，大部分的台灣人好像很聽話，但其實台灣人也具有旺盛
> 的反抗精神，自古被認為是「難以治理的人民」〔註52〕

　　雖然兩造所定義的「打拚」不盡相同，但至少都具有「為了達成某目地，全力以赴」的意涵。

　　檳榔果一弓有數十顆，像是拼了命在工作生產的臺灣人。檳榔的高度有三四層樓高，採收檳榔對於臺灣人而言卻不構成問題，從古時候的揉採，以攀爬的形式去摘檳榔；到現代的，由臺灣人發明出來的檳榔刀採收；檳榔果相當堅硬，筆者曾在屏東內埔看過，沒有牙齒的老年人，為了吃檳榔，用打火機將檳榔剁爛之後食用的畫面，象徵台灣人雖然思考直線，為了得到利益，往往在手段上努力不懈，這些都是打拼精神的展現。

　　施並錫則是將檳榔與臺灣人的負面性格連結，從檳榔樹幹的不分枝，標示著臺灣人的憨直性格；檳榔幹脆易折，表示臺灣人的膽識脆弱；檳榔的淺根性，象徵臺灣人的淺根文化；檳榔果的藥物功能則和臺灣人自我麻醉性格連結。用以對照代表中國人官場厚黑性格的竹子〔註53〕。根據後結構主義的論點，符號本身可為各種意義的再現〔註54〕，故無論正面或負面，都算合理的意義賦予，但檳榔身為臺灣民族的識別符號，能夠外延更多正面的符旨，較能提升民族的自信。

　　前文論及，檳榔是1990年代，臺灣政壇的重要符號，除了選舉時，檳榔議題會被拿出來操作，一些有吃檳榔的民代，在選戰中攻無不克，本來被歸納成「臺灣本省低下階層的人」在吃的檳榔，1990年代被帶進了國會殿堂，伴隨著國會改選一路到總統直選，檳榔成為「臺灣人出頭天」的象徵，看著電視上的民代嚼著檳榔，就讓鬱悶已久的臺灣人聯想到「臺灣人終於當家作主」的時代意義。

〔註52〕黃文雄著，洪平河譯《日本留給台灣的精神文化遺產》（臺北：前衛出版社，2008年）頁46。

〔註53〕施並錫，《圖繪沒力島傳說》（臺北：費邊社文創有限公司，2014年2月）頁98。

〔註54〕吳新發，《文學理論導讀》（臺北：書林出版有限公司，1993年）頁163。

第六章　結　論

　　檳榔是臺灣人的符號，打壓檳榔的過程，透露出來的，是對臺灣本土文化的歧視。

　　在本論文中，分析了檳榔在臺灣源遠流長的文化脈絡。起初，島上居民為了對抗瘴癘之氣而依賴檳榔帶來的效用，再從實用功能的生活必需品，衍生出在生命禮儀、社交活動、社會認知上的各種特殊意涵，使得檳榔不再只是單純取其化學效用而被臺灣人接受的嗜好物。因為有深厚的文化背景，以致於政府雖不斷透過國家機器宣揚檳榔危害論，但還是斬不斷檳榔的存在，但就整體來說，檳榔的食用人口、栽種面積，都已經過了最盛時期，呈現下滑趨勢。

　　檳榔的內涵詮釋，在近代社會仍然持續進行，並且檳榔本身還在臺灣人的生活中被使用，是活生生的文化符碼，而不是個已經邁入歷史的遺跡（例如紋面），在時代的推進中，檳榔文化不斷發展出新的文化表現，例如檳榔西施。檳榔文化，在近代，透過新式的媒介，例如歌曲、電影等，以各種的角色形象，繼續與民眾接觸，成為島民集體記憶的一部分。

　　本文也分析了歷代政權的歧視脈絡，其中，將檳榔打為中下階層的嗜好物，以階級差異創造政治運用的空間，是檳榔歧視運作最重要的部分。檳榔在日本時代所遭遇的汙名化，主要是殖民政權為了轉移檳榔的土地資本作為戰爭資源而發生。國民政府對於檳榔的汙名化，則是為了使檳榔成為各項社會問題的代罪羔羊，企圖透過檳榔，轉移民眾的注意力，掩飾真正該被檢討的問題來源，兩政權在操作上，具有共通點，皆以健康訴求和形象為標榜，呼籲民眾別吃檳榔，也都將檳榔戒除的有無，視為現代化進程的表徵，廣為

宣傳，讓檳榔的食用族群出現階級性，偏向勞動者、低教育程度者、反體制者的傾向，使得社會輿論在探討檳榔時，時常抱持負面的刻板印象，但也因為檳榔與反體制形象的聯結，加強了檳榔的本土性，在臺灣，反體制時常與倡導本土，對抗外來政權的行為相關。檳榔與臺灣話成為本土陣營的符號，皆具有「認同來自於打壓」的要素，兩者皆有越遭受統治者壓迫，越被本土陣營拿來作為識別符號的特質，使其成為族群識別的象徵，其特質也與臺灣民族認同的形成脈絡相似。也因其本土性、階級性、爭議性，讓檳榔數度成為政治操作的工具，政治人物以檳榔操作「親民」、「愛民」、「本土性」、或「行政魄力」的議題，甚至用檳榔來掩護爭議議題的危害性。檳榔也成為 1990 年代，「臺灣人出頭天」的象徵，檳榔符號的政治運用相當多元，堪稱臺灣社會的特殊文化現象。

官方特意操作的刻板印象，使得檳榔族群難以站在比較具有影響力的位置發聲，噤聲則又更讓他們成為被打壓的對象，雖然社會上存在著為檳榔文化作正面論述的學者與藝術工作者，但民間的對抗性知識還是難以辯駁官方在實驗室產製出來的醫學數據，醫學結論是造成檳榔形象負面化的成因，但並非是負面化的唯一理由，對比同樣有健康疑慮的酒類與菸草，檳榔所遭受的形象上的負面描繪是明顯不合理的，這點，就如同《上癮五百年》﹝註1﹞分析的，部分嗜好性產品對健康危害，但在法規上卻具備優越地位，管制相對寬鬆，社會觀感也不會認為他們特別負面，這是「藥物的政治現實」，要促成優越地位，產品的使用必須具備跨國性，有足夠龐大的商業體制進行形象塑造和遊說；使用性需流通於上流社會。目前檳榔不具備這兩個成為「優越地位藥物」的條件，故檳榔的汙名化程度嚴重，其實不是健康、水保或者它會引發社會問題等本質之惡造成的，而是權力交織運作之後的結果，當社會在談論檳榔如何為惡時，是基於接受被刻意運作出來的訊息，而認為檳榔該被討論成「惡」的，並非檳榔在科學上如何的危害人的生理所以該被討論，是基於喜好，而不是基於科學。

在本論文中也得知，檳榔是臺灣經濟蓬勃起飛的年代，勞動者依賴的精神糧食，無怪乎有學者認為，檳榔是臺灣經濟發展中的被汙衊功臣﹝註2﹞，農

﹝註1﹞ David T. Courtwright 著、薛絢譯，《上癮五百年》（臺北：立緒文化，2002 年），頁 279。。

﹝註2﹞ 楊國楨、蔡智豪、白環禎，〈狡兔死，走狗烹：論台灣經濟發展的功臣「檳榔」兼及相關產業〉，《生態臺灣》41 期（2013 年 10 月）。

政單位也認同，檳榔減輕了許多農村問題，其功勞卻在現代宣傳中刻意被抹滅。

當檳榔的負面形象已經深植於社會輿論之中，又國家機器，系統性、結構性的宣傳不會中斷，檳榔文化的延續必須透過積極的對抗性論述，以及發展檳榔在社會的新功能，才能達成。

學界中認定檳榔文化遭受歧視的學者，紛紛站出來作為。何春蕤主持的「性政治」網站〔註3〕，裡邊有著關於檳榔西施的學術資訊的完整收集，以性解放、性自主權、多元文化的立場對抗政府加諸於檳榔西施的醜化觀點。藝術領域的工作者、研究者，如陳敬寶等人，則是以記錄檳榔西施的生命歷程、美學觀點來呈現檳榔西施的藝術性和故事性，拉近外界與檳榔西施的距離，期盼在理解之後能夠消弭社會的誤解。楊國禎、林崇熙等，則分別以生態、文化專業，為檳榔所遭受的不平作澄清，楊國禎認為，政府打壓檳榔，是在對於臺灣經濟發展「功臣」的集體汙衊，反檳榔論述從水保、健康、到檳榔西施等，有諸多荒謬之處，對於檳榔產業的未來去留沒有幫助，反而加深了民心的恨意〔註4〕；林崇熙則認為，檳榔的論述，正反兩方的資源不對等，反方幾乎沒有理直氣壯發聲的可能性，只能噤聲，依賴對抗性知識默默的發展下去。林富士則是指出，目前政府所操作的檳榔論述，忽略了檳榔使用的文化現實，斷然以吃檳榔不健康，威嚇式的教化臺灣人不吃檳榔是無法成功的，政府應當更盡心的理解臺灣人的檳榔文化脈絡，才能與檳榔族群溝通。簡炯仁、王蜀桂等歷史學者，則是以對檳榔文化正面的歷史研究，還原檳榔在臺灣人生活中的真實面貌，並沒有政府所宣傳的那般醜陋。

統整學界對於檳榔的平反策略，主軸在於論證檳榔對於臺灣歷史、文化上的特殊意義；對檳榔西施的存在進行再現，企圖用正面的，臺灣特色的觀點呈現檳榔西施的文化性；破除政府加諸於檳榔的各項汙名，讓檳榔不再承擔健康、水保的汙名，讓政府正視臺灣環境、社會問題的各種根源，而不是將矛頭指向檳榔就期待得到解套。

在學界的努力下，各級民代對於幫檳榔產業界爭取權益也較有立場，檳榔開放進口月份、檳榔補助的議題上，更能向政府要求以檳榔農的利益作為

〔註3〕 來源：http://intermargins.net/repression/
〔註4〕 楊國禎、蔡智豪、白環禎〈狡兔死，走狗烹；論台灣經濟發展的功臣「檳榔」兼及相關產業〉，《生態臺灣》41 期（2013 年 10 月）。

出發點。

1997 年,檳榔產業界曾經上街聲張「爭生存、爭尊嚴」的訴求,抗議政府抹黑檳榔〔註5〕,十年後 2007 年,檳榔產業界舉辦「第一屆檳榔文化博覽會暨檳榔西施產業學術論壇」〔註6〕,雖然主管機關仍然採取父權姿態訓斥開罰停辦,但檳榔產業界已經懂得從十年前的控訴不公不義,轉變爲十年後的自信展現,雖然後續沒有第二屆,但檳榔產業已經理解到,向社會大眾展示檳榔文化,才能夠在政府塑造的文化櫥窗外,另闢一個視野,使對檳榔少有接觸的大眾,能夠有認識檳榔文化的管道。

檳榔文化也在歌曲以及電影之中再現,成爲創作題材,隨著時代改變,檳榔在作品中的象徵意義也不斷的變換著。早期歌曲〈檳榔村之戀〉以檳榔象徵山地部落;源自湖南,在臺灣也傳唱的〈採檳榔〉,描述了產農的勞動面貌。近代檳榔西施文化發揚之後,檳榔西施的角色成爲創作題材,董事長樂團的〈檳榔西施〉,敘說客人與小姐購物間的互動;五佰的〈街角的薔薇〉,歌詞中沒有提及檳榔,將檳榔西施隱喻(the metaphorical)爲容易被看見(存在於街角),具有迷人魅力,但隔著玻璃櫥窗,彷彿難以親近的薔薇((帶刺);MC HotDog 和張震嶽出品的〈我愛台妹〉,以檳榔西施作爲所謂「台妹」的代表,檳榔西施被內涵(connotation)成「台妹」的總結合,而不再只是檳榔文化的表現。

2001 年出品的電影《愛你愛我》,檳榔西施被視作成長歷程中,有機會讓弱勢的少女,被看見、挖掘、晉升到上層階級的職業,在電影中,檳榔攤是階級流動的媒介。2008 年出品的《幫幫我愛神》,則將檳榔西施的存在,視作爲絕望、邊緣、墮落的開端,檳榔西施是蕭條社會的產物,導演以檳榔西施的存在,諷喻臺灣人執政的無能(導演觀點)。2010 出品的《眼淚》,探討轉型正義、汙名化的主題,在劇中以檳榔西施爲主體性的拍攝視角,呈現給觀眾有血有肉,充滿溫度和感情的檳榔西施面貌,有別於新聞媒體以凝視角度,站在玻璃櫥窗外解讀「何爲檳榔西施?」的負面詮釋,檳榔西施在該片中,就是被汙名化,被誤解的族群,轉型正義的功能之一,就是要將被歧視的弱

〔註5〕陳世財,〈檳榔業抗議:我們無罪!〉,《中國時報》,1997 年 6 月 5 日。(來源:http://ago.gcaa.org.tw/env_news/199706/86060503.htm)

〔註6〕魏斌、甯瑋瑜,〈博覽會邀西施 倡檳榔文化〉,《蘋果日報》,2007 年 4 月 15 日。(來源:http://www.appledaily.com.tw/appledaily/article/headline/20070415/3397369/)

勢，還原被扭曲的面孔。2011 殺手歐陽盆栽，劇中角色冷面佛從外國留學回來，接掌家族的檳榔事業，誓言要將檳榔推上國際，研發全新的食用方式，該片的宣傳活動，主打冷面佛國際檳榔事業的廣告〈挺檳榔〉，因此引發政府相關單位關注，不過檳榔對於該部電影的劇情走向實際沒有太大的牽連，也許導演安排冷面佛賣檳榔，是基於檳榔的本土性，與冷面佛留學外國的身分有衝突，交合起來能夠製造趣味性。以製造趣味性而安排檳榔在角色設定中的手法，還有 2012 年出品的《寶島大爆走》。2008 年出品的《海角七號》，劇中有段騎士為撿拾掉落的檳榔，釀成車禍，進而使受傷的員警休假加入故事中倉促成軍的樂團，由於該幕的目的只在於造成員警的受傷，撿拾其他物件同樣可讓故事繼續發展，推測導演的用意，是要以檳榔增強該片故事背景屏東的南國印象。

　　2014 年，來自北歐，全球指標性的家具公司 IKEA，拍攝了一支名為《檳榔攤改造計畫》的廣告，在網路上引發熱議〔註7〕，正面論述者認為，這場改造，幫助了貧困的檳榔攤母親，創造了更有質感的空間；反面論述者認為，這場改造，是在創造「否定草根性來滿足中產階級想像」的檳榔攤〔註8〕，但中產階級非檳榔攤的主要消費者，改造的過程，呈現的是殖民主義式的，施捨弱勢者現代化進程的廉價同情，改造的結果不符合檳榔攤的需求，也抹煞了檳榔攤在公路上本具備的識別度，恐讓真正的消費者，路過而不知道這間檳榔攤的存在產生了「用 IKEA 的家具，真的不能弄出讓人覺得熟悉、溫馨又親切，卻又整潔舒服的『土土的台灣味』嗎？IKEA 一定要等於否定台灣草根傳統嗎？」〔註9〕的質疑。這場行動儘管引發了「同化」、「階級歧視」的爭議，，但也展示出了，身為全球性企業體的 IKEA，在尋求在地化的過程中，很自然的觸及到本土色彩濃厚的檳榔攤為操作題材，這可能是全球性企業，將檳榔作為提升企業形象的首例，也顯示了，近年來學界對於檳榔符號所做的正面論述，即便難以扭轉社會態度對於檳榔的偏見，但在某些外國企業的眼裡，「檳榔是臺灣符號」的說法，是被認同的正面觀點，往後在操

〔註7〕馮景青，〈檳榔攤走北歐風　改造影片引熱議〉，《中時電子報》，2014 年 5 月 20 日，（來源：http://www.chinatimes.com/realtimenews/20140520004691-260405）

〔註8〕陳培瑜臉書。（來源：https://www.facebook.com/permalink.php?story_fbid=10201791212332527&id=1548372193&fref=nf）

〔註9〕Nign Wang 網誌。（來源：https://plus.google.com/116705655513111946128/posts/Naia7gzRqvv）

作上，如果能多理解檳榔文化與檳榔攤的功能性，應能產製出更多符合檳榔產業需求的作品。

在近代社會，歌曲、電影以及廣告，檳榔都已成創作的題材，即便檳榔在各作品的角色位置不同，但已超脫了往昔，吃檳榔是反派角色「行為象徵」的刻板印象，而有更豐富的呈現，各作品運用檳榔的目的不同，但皆有考量到檳榔能成為作品與在地連結的媒介而被採用，這是檳榔文化被重新詮釋之後的再生面貌。

在食用人口，以及傳統的禮儀功能漸漸式微的趨勢下，檳榔文化的保存，也需從功能性的再造作研發，以讓檳榔的使用範圍擴大，繼續創造在社會中的需求。檳榔的普遍性來自於檳榔的食用，故，有產業界的人士認為，檳榔只要跳脫了「嗜好性產品」的功能性，就很難維持它的價值：

> 筆者：你覺得檳榔博覽會，檳榔料理等作為，能扭轉檳榔的形像嗎？
>
> 馮：無法，它最多成為一個特色，但無法取代檳榔的用途，可替代
> 　　的東西太多了，料理這麼多，沒有非得吃你的檳榔料理不可。
>
> 〔註10〕

「檳榔葵扇（檳榔葉扇、檳榔扇）」是一款具有實用價值，又具備本土性的檳榔相關產品，此產品在臺灣的淵源已久，日本時代即有記錄檳榔扇的製作方式：

> 臺灣產有一種檳榔扇。臺南尤盛。乃菁樹之裏葉也。色潔白。面有
> 薄膜。滑而澤。裁之作四方形。長尺餘。嵌其柄。鑲以角。有花隱
> 見。色艷可人。扇面用沈香燃紅注之。刺成山水人物。斑駁陸離。
> 有辦以進京者。閩人尤雅愛之。〔註11〕

到了近代，屏東縣政府仍持續推廣〔註12〕，成為地方特色產業。2014年的電影《KANO》，以嘉義灣潭國小的學生製作的檳榔葵扇，作為球場上，加油群眾所使用的道具〔註13〕，透過電影的熱賣〔註14〕，讓此存在已久的產業，

〔註10〕 訪問對象：馮先生。訪問時間：2012年1月8日。受訪者身分：檳榔農第三代，臺東地區的盤口子弟，自身擁有跑山、收割、批貨等實務經驗。外省人，母親為客家人，檳榔的事業由外婆這邊傳下來。耕作地點：臺東地區。受訪地點：臺東市。

〔註11〕〈臺南名產／剪葉為扇〉，《漢文臺灣日日新報》，1905年10月13加，第4版。

〔註12〕〈六堆結扇緣——檳榔扇創作特展，靚亮登場〉，《中央通訊社》，20121025，（來源：http://www.cna.com.tw/postwrite/Detail/114735.aspx#.U5TKNHKSySo）

〔註13〕 林伯驊，〈幫忙做KANO扇　電影卻沒得看〉，《聯合報》，20140313，第B2版。

被更多人注意，在電影的加持下，檳榔扇又以新的行銷方式向外推廣〔註15〕，期勉能為產業打開一條活路。

撒奇萊雅族主打的「檳榔情人娃娃」〔註16〕將部落傳說、檳榔對於撒奇萊雅族的特殊意義，賦予在娃娃的具體形象上，能夠為收藏者帶來智慧與愛情，並透過娃娃了解到部落的歷史，兼顧祈福與教育的功能。

高鐵曾經為推廣臺灣文化〔註17〕，出品「檳榔西施茶包」，以突破傳統造型的人型茶包，畫上角色扮演穿著的檳榔西施，泡茶時，人型茶包的雙手可剛好靠住杯沿，巧妙的設計，融合了檳榔文化，並且有高經濟價值（單個售價 50 元），但隨即被臺灣媒體冠以「物化」、「引起民眾不滿」抨擊之，但同時期推出的，概念相同的原住民、客家茶包則安然無事，顯然又是一次因為檳榔，而引起的文化歧視。事實上這不是高鐵首次因為檳榔西施引起爭議，高鐵車上雜誌，《T-life》，創刊號，就曾經在〈必做的五件事，會讓你更接近風城味道〉的專題中提及，到新竹該做的其中一件事情就是「行經中華路，在眼神流轉間感受檳榔西施的媚惑性感」〔註18〕，引發記者報導：「有『民眾』投訴檳榔西施的內容讓他們感到不滿」，但在同個時期，於市府觀光手冊，介紹檳榔西施是臺灣的觀光景點；在觀光節大會上暗指因政府推動觀光有成，連檳榔西施的生意都變好的馬英九，卻沒有遭遇抨擊，同樣都是以檳榔西施作標榜，但媒體操作大不同，顯然又是場藉由檳榔符號運用，打擊異端的文化鬥爭。臺灣高鐵創辦人殷琪，對於檳榔西施抱持接納贊同的立場，她曾表示「這些年輕女孩的穿著，很能反映這個世代的自信心和活力，也很能代表台灣本土另一種文化特色，這樣很好哇，為什麼要限制她們的穿著，很無聊。」〔註19〕雖然上述兩個事件所發生的年代，殷琪已經卸任董事長，但高鐵創辦

〔註14〕陳亭均，〈《KANO》上半年國片票房居冠〉，《中時電子報》，2014 年 6 月 3 日。（來源：http://www.chinatimes.com/newspapers/20140603000627-260112

〔註15〕王瑄琪，〈《KANO》加持　灣潭國小檳榔扇上市〉，《中時電子報》，2014 年 4 月 4 日。（來源：http://www.chinatimes.com/newspapers/20140404000422-260107）

〔註16〕游太郎，〈撒奇萊雅族尋根　推檳榔情人娃、平安袋〉，《自由時報》，2010 年 3 月 21 日。（來源：http://news.ltn.com.tw/news/local/paper/381799）

〔註17〕〈高鐵創意茶包讓護士爆乳惹議！高鐵：不考慮下架〉，《三立新聞臺》，2013 年 12 月 15 日。（來源：http://mobile.setnews.net/News.aspx?PageGroupID=6&NewsID=7258）

〔註18〕彭芸芳，〈高鐵刊物／新竹必看特色　包括檳榔西施？〉，《聯合報》，2010 年 1 月 31 日，第 a12 版。

〔註19〕楊文琪，〈談起寶貝女兒　總是一臉幸福〉，《經濟日報》，2005.02.06。（來源：

之初，對於檳榔西施的正面立場，深知檳榔西施是臺灣本土的文化特色的觀念，也許就這樣流傳給後續的經營團隊了，畢竟高鐵公司要不斷挖掘臺灣特色的觀光要素，檳榔西施符合此需求。

南投的特有生物保育中心的初步研究顯示 [註20]，檳榔枯樹幹可運用在甲蟲養殖上，在野外採集時，因常可在檳榔園捕捉到甲蟲，研究者遂以檳榔木屑作為材料，作甲蟲養殖的食材，以存活率來看，可稱樂觀，此功能性，或可在未來成為檳榔的附加利益。

食品運用上，檳榔有臺灣口香糖的稱號，學界也研發過檳榔口香糖 [註21]，以檳榔抽出物混合纖維，製造檳榔具有咀嚼感，能發揮檳榔效用，但不用吐汁，也不會致癌，但這項研究顯然沒有推廣成功；在商界，也曾有商人研發出不需要吐汁的紅灰配方，但追根原點，吐汁是吃檳榔功效的一部分，報導指出「不過也有一名消費者說，有些吃檳榔的人就是喜歡吐汁的樣子，愈表示自己「瀟灑」，不吐汁的檳榔，恐引不起這些人的興趣。」 [註22] 不吐汁，已經喪失了嚼檳榔能夠發洩情緒的心理層面作用，故這些理想化的檳榔，很難取代真正的檳榔。本來就存在的檳榔筍（半天筍、檳榔心）與檳榔花的料理，也曾經作為地方政府的推廣項目，屏東縣舉辦過「2004 客家檳榔花文化節」，屏東科大也進行檳榔料理的研發 [註23]，企圖以檳榔入菜的方式，改變檳榔的形象和地位，讓沒有機會吃檳榔的民眾能夠接觸到檳榔的周邊產品，幫助產農轉型，增進地方農業利益。但花蓮縣政府卻抱持反面立場「花蓮縣衛生局長施仁興提出警告，不只吃檳榔會致癌，以檳榔心、檳榔花烹調的食物，也可能致癌，因此不鼓勵以檳榔心、檳榔花做為料理食材，也不鼓勵相關的特色風味餐。」 [註24]，至於為什麼檳榔花、筍也會致癌，花蓮縣政府沒有提出數據。檳榔花、筍有無危害，出現了兩方以相同檢驗方式測量，結

http://mag.udn.com/mag/people/storypage.jsp?f_ART_ID=18658）

[註20] 張錦洲，〈探討以檳榔枯木飼育扁鍬形蟲的可能性〉，《自然保育季刊》71 期（2010 年 6 月）。

[註21] 林進修，〈檳榔口香糖 再等幾年吧！衛署委託台大食研所 將研究保持口感提神 又不致造成口腔癌的口香糖〉，《聯合晚報》，1990 年 12 月 7 日，第 9 版。

[註22] 劉東皋，〈紅唇族不必為吐汁煩惱了，檳榔新產品，嚼來溫順，口感與喉韻，比傳統好〉，《經濟日報》，1992 年 7 月 13 日，第 19 版。

[註23] 陳景寶，〈客家 檳榔花 文化節 明登場〉，《聯合報（地方版）》，2004 年 9 月 17 日，第 b2 版。

[註24] 游太郎，〈檳榔花、心做料理 恐致癌〉，《自由時報》，2007 年 7 月 26 日。（來源：http://news.ltn.com.tw/news/local/paper/143589）

果完全相反的現象，陽明大學判定「過量有害」，屏東科大判定「煮熟之後幾無負面成分」〔註25〕，這起事件，證明了檳榔論述裡的科學，並非中立的存在。

　　雖然有爭議，但現實上，檳榔文化，已經成為臺灣的觀光資源之一，尤其是檳榔西施。檳榔文化的再生，詮釋了檳榔的正面價值，也研發出了數種檳榔產品的周邊運用，但還未取代檳榔的原有功能。檳榔在社會最主要的功能還是嗜好性產品，故檳榔文化仍然支撐在檳榔本身的食用上，假若食用人口持續下降，又無法發展出廣被使用的檳榔衍生產品，喪失了普遍性，則檳榔有可能會從臺灣人的生活經驗中遠離，成為抽象的、懷舊的，不具備生命力的臺灣符號。

　　檳榔在臺灣所受的汙名化相當徹底，在進行轉型的過程中，同樣會因檳榔的身分引起爭議，造成轉型的困難，反檳榔論述規勸大眾戒除檳榔，卻屢屢對檳榔的轉型提出抨擊，故檳榔文化的再生之路，除了在功能性多所研發之外，形象的論述仍然是要持續進行的，才能創造檳榔在臺灣社會的新價值。

　　當社會對於此種運作模式沒有反思能力，全然接受於國家機器產製的訊息時，則難以防範以社會正義之名作出的壓迫行為，這對於維持社會多元文化是沒有助益的，消弭歧視，理解他人文化，在制度上和輿論上使各種文化都有存在的空間，方可創造一個精彩豐富的社會面貌，也可讓每個人都不會成為此種運作模式的受害者，習得判斷資訊來源正確性的能力，不成為汙名化的幫兇。為政治運用而進行的污名化操作，也發生在地下電臺的抄臺事件，2009 年底，陳雲林二次來臺，又受到民眾的抗議，許多民眾乃受地下電臺號召而來，外加 2010 年的五都選舉在即，時任行政院長的吳敦義，在隔年三月，以「臺灣洗腎率世界第一，都是因為地下電臺賣藥所致」為由展開運作宣傳〔註26〕，使得社會氛圍認定地下電臺殘害臺灣人的健康，坐視吳揆的抄臺行動，同年五月，就將臺灣存在十幾年以上的地下電臺殲滅，之後臺灣的洗腎率世界第幾，眾人卻又甚少關注了，可是在野勢力卻喪失了重要的發聲管道，假若群眾對於資訊來源有判斷力，也許可以阻止這齣悲劇的發生。在田野調查的訪問中，接觸了許多檳榔在臺灣人生命經歷中扮演重要角色的真實故事：產農的子弟，靠著父母親從事檳榔產業的收入求學；檳榔西

〔註25〕魏怡嘉、郭靜慧，〈半天筍含檳榔鹼　過量易中毒〉，《自由時報》，2008 年 8 月 13 日。（來源：http://news.ltn.com.tw/news/life/paper/234368/print）
〔註26〕陳洛薇，〈擺脫洗腎國　吳揆釘地下電台〉，《聯合報》，2010 年 3 月 26 日。

施盼望檳榔攤成為他們翻轉人生的場域，也在賣檳榔的工作中找到學校無法給予的自信心；勞動者藉由檳榔，在苦悶的環境中尋求慰藉；每每看到滿佈的檳榔園，就想起筆者的南部故鄉在不遠處。這些人、事、物，都不是邪惡的，與媒體輿論所呈現出來的，檳榔危害社會，檳榔是黑道流氓在吃的認知完全違背，檳榔是臺灣人人格經驗的一部分，它，不該被歧視，而是該成為臺灣人找回族群認同自信的媒介，我們要對本土文化感到自信，作個獨立思考的臺灣人。

參考書目

（依作者姓氏筆畫或字母先後排序）

一、專　書

1. David T. Courtwright 著、薛絢譯，《上癮五百年》（臺北：立緒文化，2002年）。

2. John L. Comaroff，〈Of totemism and ethnicity: Consciousness, practice and the signs of inequality〉，《Ethnos: Journal of Anthropology》Volume 52, Issue 34（1987 年）。

3. Terry Eagleton 原著，吳新發譯，《文學理論導讀》（臺北：書林出版有限公司，1993 年）。

4. 内政部地政司，《台灣地區二萬五千分之一地形圖》（臺北：内政部地政司，2005 年）。

5. 王建民，〈八十年帶台灣社會激盪及其思考〉，《台灣史研究會論文集》第三集（臺北：台灣史研究會，1991 年）。

6. 王蜀桂，《臺灣檳榔四季青》（臺北：常民文化，1999 年）。

7. 伊能嘉矩，《台灣文化志》第 2 卷（日本：刀江書院，1928 年）。

8. 安倍明義，《臺灣地名研究》（臺北：武陵出版有限公司，1992 年）。

9. 李壬癸，《台灣南島民族的族群與遷徙》（臺北：前衛出版社，2011 年）。

10. 李筱峰，〈一百年來台灣政治運動中的國家認同〉，《台灣近百年史論文集》（臺北市：吳三連基金會，1996 年）。

11. 村上直次郎日文譯注；郭輝，程大學譯，《巴達維亞城日記》（第一冊）（臺中：臺灣省文獻委員會，1989 年）。

12. 杜正勝撰，《番社采風圖題解──以臺灣歷史初期平埔族之社會文化爲中心》（臺北：中央研究院歷史語言研究所，1998 年 3 月）。

13. 杜繼平,〈九〇年代台灣政治的走向〉,《台灣史研究會論文集》第三集(臺北:台灣史研究會,1991年)。

14. 林偉盛,〈清代臺灣分類械鬥發生的原因〉,張炎憲、李筱峰、戴寶村主編,《臺灣史論文精選(上)》(臺北:玉山社,1996年)。

15. 林慧姿,〈檳榔攤通路研究〉,《九十四學年度產學合作計畫結案報告》(臺中:僑光技術學院,2005年)(來源:http://120.109.100.158/ocu/manasystem/Files/Cures/9804240951441_%E7%94%A2%E5%AD%81%E6%AA%B3%E6%A6%94%E6%94%A4%E7%B5%90%E6%A1%88%E5%A0%B1%E5%91%8A.pdf)。

16. 施正鋒,《台灣民族主義》(臺北:前衛,2003年)。

17. 施並錫,《圖繪沒力島傳說》(臺北:費邊社文創有限公司,2014年2月)。

18. 洪英聖,《情歸故鄉——壹總篇,臺灣地名探索》(臺北市:時報文化出版企業有限公司,1995年)。

19. 洪敏麟,〈臺灣地名之多樣性與稀有地名之探討〉,《臺灣地名研究成果學術研討會論文集》(南投:臺灣文獻館,2008年)。

20. 孫大川,〈夾縫中的族群建構——泛原住民意識與台灣族群問題的互動〉,《台灣近百年史論文集》(臺北市:吳三連基金會出版,1996年)。

21. 宮本延人著,魏桂邦譯,《台灣的原住民族》(臺中:晨星出版社,1992年)。

22. 國分直一著;李作婷,邱鴻霖譯,《日本民俗文化誌:文化基層與周邊之探索》(臺北市:臺大圖書館,2011年)。

23. 國立中央圖書館台灣分館,《臺灣文獻書目解題 第二種 地圖類(一)》(臺北:國立中央圖書館臺灣分館,1997年)。

24. 張光直,《番薯人的故事》(臺北:聯經,1998年2月)。

25. 張炎憲,〈台灣史研究與臺灣主體性〉,《台灣近百年史論文集》(臺北市:吳三連基金會出版,1996年)。

26. 張炳南、李汝和修,洪敏麟等編,《臺灣堡圖集》(臺北:臺灣省文獻委員會,1969年)。

27. 張德水,《臺灣政治、種族、地名沿革》(臺北:前衛,1996年)。

28. 莊萬壽,〈台灣本土文化之理論建構〉,《台灣論》(臺北市:玉山社出版事業股份有限公司,1996年7月)。

29. 陳天祥,《中國檳榔史》(南投:中檳圖書公司,1990年)。

30. 陳柔縉,《人人身上都是一個時代》(臺北:時報文化,2009年)。

31. 陳國章,《臺灣地名辭典》(臺北:國立臺灣師範大學地理學系,2004年)。

32. 程紹剛，《荷蘭人在福爾摩莎》（臺北：聯經出版事業公司，2000 年）。

33. 黃文雄著，洪平河譯《日本留給台灣的精神文化遺產》（臺北：前衛出版社，2008 年）。

34. 楊碧川，《臺灣的智慧》（臺北：國際村文庫書店，1996 年）。

35. 楊碧川，《簡明臺灣史》（高雄市：第一出版社，1992 年）。

36. 葉石濤，《台灣文學史綱》（高雄市：春暉出版社，1998 年）。

37. 葉海煙，《臺灣人的精神》（臺北：財團法人群策會李登輝學校，2006 年）。

38. 廖忠俊，《臺灣鄉鎮舊地名考譯》（臺北：允晨文化，2008 年）。

39. 管仁建，〈台灣的霸權國語與悲情方言〉，《你不知道的台灣‧影視秘辛》（臺北市：文經社出版社有限公司，2013 年）。

40. 蔡承豪、楊韻平，《台灣番薯文化誌》（臺北：城邦，2004 年 5 月）。

41. 鄭清文，《檳榔城》（中國：長江文藝出版社，1993 年 10 月）。

42. 鄭漢文、王相華、鄭惠芬、賴紅炎，《排灣族民族植物》（臺北：行政院農業委員會林業試驗所，2005 年）頁 286。

43. 蕭阿勤，《重構台灣：當代民族主義的文化政治》（臺北：聯經，2012 年 12 月）。

44. 簡炯仁，〈檳榔考〉《臺灣時報》（高雄：臺灣時報社，1993 年 2 月 19 日）收入於《臺灣開發與族群》（臺北：前衛出版社，1995 年）。

45. 簡炯仁，〈日本帝國主的殖民統治政策與臺灣意識的崛起〉，《臺灣開發與族群》（臺北：前衛，1995 年）。

二、期刊論文

1. 施並錫，〈創造、美化台灣形象符號建構台灣主體文化〉，《國家與教育》第 3 期（2007 年 9 月）。

2. 〈工業用檳榔子實ノ最高販賣價格指定〉，1944 年 1 月 1 日臺灣總督府及所屬機構公文類纂目錄中研院臺史所（來源：http://sotokufu.sinica.edu.tw/dore/listm.php）。

3. 〈南市教學字第 09312532960 號函〉20040726 臺南市，臺南市教育局。

4. 〈臺灣省政府人事處書函〉（64）6，11 省人丙字 12157 號（1975 年 6 月 11 日）。

5. 〈檳榔的急毒性〉，《毒藥物季刊》35 期。

6. 《立法院公報》98 卷 68 期，P.92，臺北，中華民國立法院。

7. 《農業統計月報》（2014 年 5 月）（來源：http://agrstat.coa.gov.tw/sdweb/

images/icon_pdf.gif)。

8. 《臺灣省政府公報》，春字 69 期（1950 年 3 月 22 日）。

9. 《臺灣省政府公報》，夏字 21 期（1952 年 4 月 22 日）。

10. 101 年「成人吸菸行為調查」及「健康危害因子監測調查」。

11. 中央研究院臺灣史研究所，《臺灣總督府及所屬機構公文類纂目錄》（來源：http://sotokufu.sinica.edu.tw/）。

12. 尹章義，〈台灣檳榔史〉，《歷史月刊》35 期（1990 年 12 月）。

13. 王育德，〈台灣民族論〉，《台灣青年》35～37 期，1963 年 10 月 25 日～12 月 25 日。

14. 行政院研究發展考核委員會，〈「檳榔問題管理方案」實地查證報告〉，1998 年 5 月。

15. 行政院衛生署國民健康局、食品藥物管理局（前管制藥品管理局）與國家衛生研究院共同規劃辦理之「民國 98 年國民健康訪問暨藥物濫用調查」。

16. 余光中，〈初嚼檳榔〉，《鄉間小路》30 卷 12 期（2004 年 12 月）。

17. 吳怡萱，〈深入三萬檳榔攤拔樁　登上台灣菸王〉，《商業週刊》1074 期（2008 年 8 月 23 日），來源：http://www.businessweekly.com.tw/KArticle.aspx?id=33481。

18. 李筱峰、林呈蓉，《臺灣史》（臺北：華立圖書，2003 年）。

19. 沈佳姍，〈戰前臺灣黑齒習俗流變初探〉，《臺灣原住民研究論叢》10 期（2011 年 12 月）。

20. 沈馨仙、張思平、鍾佳玲、林依蓉、楊榮季，〈常見有毒中草藥〉，《藥學雜誌》26 卷 4 期。

21. 林勇信，〈保育水土資源　農委會擬訂超限利用檳榔輔導計畫〉，《高雄區農業專訊》25 期（1998 年 10 月）。

22. 林茂賢，〈臺灣媽祖傳說及其本土化現象〉，《靜宜人文學報》17 期（2002 年）。

23. 林富士，〈檳榔入華考〉，《歷史月刊》186 期（臺北：歷史智庫出版股份有限公司，2003 年 7 月）。

24. 林富士，〈試論影響食品安全的文化因素：以嚼食檳榔為例〉，《中國飲食文化》10 卷 1 期（2014 年 4 月）。

25. 林煒煜，〈檳榔站在叉路口〉，《豐年半月刊》40 卷第 5 期（1990 年 3 月）。

26. 邱賢添，〈檳榔種子有效成分 Arecolin ノ藥物學的研究竝ニ二三副交感神經毒卜ノ比較との比較試驗〉，《台灣醫學會誌》，第 32 期（1933 年）。

27. 涂函君、蘇淑娟，〈台灣沿山地區檳榔業的生產空間與社會：以嘉義縣中

埔鄉爲例〉,《地理研究》第 52 期（2010 年 5 月）。

28. 國民健康署衛生福利部,〈年齡別及教育程度別之男性嚼檳榔率與檳榔認知率〉(臺北:衛福部,2012 年)。

29. 張文環,〈檳榔籃〉,《文藝台灣》1 卷 6 號（1940 年 12 月）。

30. 張錦洲,〈探討以檳榔枯木飼育扁鍬形蟲的可能性〉,《自然保育季刊》71 期（2010 年 6 月）。

31. 梅丁衍,〈台灣現代藝術本土意識的探討〉,《雄獅美術》249 期（1991 年 11 月）。

32. 郭淑珍、丁志音,〈茶行裡的檳榔客:嚼食檳榔的社會脈絡初探〉,《臺灣社會研究》第 63 期（2006 年 9 月）。

33. 野谷昌俊,〈臺灣に於ける食檳榔の風習〉,《人類學雜誌》,49 卷 4 期（1934 年）。

34. 陳芳明,〈現階段台灣文學本土化的問題〉,《臺灣文藝》86 期,（1984 年 1 月）。

35. 曾華璧,〈釋析十七世紀荷蘭據臺時期的環境探索與自然資源利用〉,《臺灣史研究》18：1（臺北:中央研究院臺灣史研究所,2011 年）。

36. 楊奕馨、陳鴻榮、曾筑瑄、謝天渝,〈臺灣地區各縣市檳榔嚼食率調查報告〉,《臺灣口腔醫學衛生科學雜誌》第 18 期（2002 年 10 月）。

37. 楊國楨、蔡智豪、白環禎,〈狡兔死,走狗烹:論台灣經濟發展的功臣「檳榔」兼及相關產業〉,《生態臺灣》41 期（2013 年 10 月）。

38. 楊瑪利,〈檳榔文化──文明與原始的矛盾〉,《天下雜誌》,128 期（1992 年 1 月）。

39. 溫啓邦、鄭秋汶、鄭丁元、蔡旻光、江博煌、蔡善璞、詹惠婷、張晏甄、張新儀,〈國人嚼檳榔的現況與變化──探討嚼檳榔與吸菸之關係〉,《臺灣公共衛生雜誌》28 卷第 5 期（2009 年 10 月）。

40. 葛梅貞、李蘭、蕭朱杏,〈傳播管道與健康行爲之關係研究:以嚼檳榔爲例〉,《中華衛誌》,18 卷第 5 期,（1999 年）。

41. 葛應欽,〈嚼食檳榔的文化源流〉,《健康世界》162 卷 282 期（1999 年 6 月）。

42. 葛應欽,〈嚼食檳榔與口腔癌之疑問〉,《健康世界》163 期（1999 年 7 月）。

43. 劉俞青,〈保力達、維士比 暴利傳奇〉,《今周刊》649 期,2009 年 5 月 28 日（來源:http://www.businesstoday.com.tw/article-content-80408-93680）。

44. 謝明俊,〈吸完狂吐黑痰,直擊 白牌劣菸流竄全台〉,《時報周刊》,第 1852 期（2013 年 8 月 16 日）（來源:http://www.ctweekly.com.tw/product6_view.asp?nid=529#.U4HuSXKSySq）。

45. 羅淑蕾，〈請政院研擬對檳榔開徵健康捐以降低財政負擔及國人戕害〉，《立法院公報》，98 卷 3 期（2009 年 1 月 6 日）。

三、學位論文

1. 沈昱彤，〈陳敬寶檳榔西施攝影研究〉（臺北：國立臺北教育大學藝術與造形設計學系碩士班碩士論文，2011 年）。

2. 林美玲，〈嚼檳榔者之流行病學初探〉（臺北：國立台灣大學公共衛生研究所碩士論文，1989 年）。

3. 林德福，《區域不平等發展之研究：論屏東地區檳榔之資本積累性質與機制》（臺北：國立臺灣大學建築與城鄉研究所碩士論文，1992 年）。

4. 孫寅瑞，〈牛肉成為台灣漢人副食品的歷史觀察〉（桃園：國立中央大學歷史研究所碩士論文，2001 年）。

5. 高碧霞，〈阿美族檳榔文化內涵之探究——以東昌、港口、馬蘭部落為例〉（花蓮：國立東華大學族群關係與文化研究所碩士論文，2007 年）。

6. 張菁芳，〈十三行遺址出土人骨之形態學與病理學分析及其比較研究〉（臺北：國立臺灣大學考古人類研究所碩士論文，1993 年）。

7. 張華蓀，〈認同、空間與權力：檳榔西施情慾解放之機會與限制〉（臺北：國立臺灣大學地理環境資源研究所博士論文，2007 年）。

8. 張敬昌，〈檳榔根系分佈及根力之研究〉（臺中：國立中興大學水土保持研究所碩士論文，1993 年）。

9. 曾玉娟，〈生命力與靈力的媒介物：以 KaTaTiPuL 卑南人檳榔文化為例〉（臺東：國立臺東大學南島文化研究所碩士論文，2009 年）。

10. 黃佐君，〈檳榔與清代台灣社會〉（新竹：國立中央大學歷史研究所碩士論文，2006 年）。

11. 黃湧澧，〈檳榔萃取液對誘癌劑（DMBA）誘發倉鼠頰黏膜鱗狀上皮細胞癌之研究〉（高雄：高雄醫學院牙醫研究所碩士論文，1989 年）。

12. 潘君瑜，〈屏東縣牡丹鄉排灣族祭祀經文語言結構及文化意涵之研究〉（高雄：高雄師範大學台灣文化及語言研究所碩士論文，2009 年）。

13. 蕭玉玲，〈檳榔西施的就業動機與價值觀取向之研究〉（臺中：靜宜大學青少年兒童福利學系碩士論文，2000 年）。

14. 蕭捷元，〈探討檳榔鹼與穀胱甘肽之間的交互作用〉（臺南：嘉南藥理科技大學生物科技系暨研究所碩士論文，2007 年）。

15. 蕭興南，〈台灣「檳榔西施」的符號與社會意義〉（宜蘭：佛光人文社會學院社會學研究所碩士論文，2004 年）。

四、研討會論文

1. 林崇熙，〈檳榔、知識、與社會正義的辯證〉，「台灣鄉村社會學年會暨空間不平等與社會包容學術研討會」論文（台灣鄉村社會學會主辦，2004年6月）。
2. 石萬壽，〈西拉雅平埔族蕭壟社群的阿立祖信仰〉，「國際中國邊疆學術會議」論文（臺北：政治大學主辦，1985年）。
3. 林楚羚，〈番薯在臺灣社會變遷中形象轉變之探析〉，「2012臺灣飲食文化寄餐飲關理國際學術研討會」論文（國立高雄餐旅大學臺灣飲食文化產業研究所主辦，2012年）。

五、報紙文章、新聞媒體

1. 〈大不便宜〉，《漢文臺灣日日新報》，1905年10月24日，第5版。
2. 〈不滿王世均欠薪　員工抗議被黑衣人阻擋〉，《自由時報》，2010年2月10日（來源：http://news.ltn.com.tw/news/entertainment/breakingnews/330728）。
3. 〈六堆結扇緣——檳榔扇創作特展，靚亮登場〉，《中央通訊社》，2012年10月25日，（來源：http://www.cna.com.tw/postwrite/Detail/114735.aspx#.U5TKNHKSySo。
4. 〈台灣觀光去年新高峰〉，《聯合報》，2011年2月16日，第a7版。
5. 〈生蕃之和約式〉，《漢文臺灣日日新報》，1908年3月18日，第5版。
6. 〈亦太無狀〉，《漢文臺灣日日新報》，1908年4月15日，第5版。
7. 〈全通式注意事項〉，《漢文臺灣日日新報》，1908年9月27日，第2版。
8. 〈好勇鬥很〉，《漢文臺灣日日新報》，1909年12月9日，第4版。
9. 〈好評、檳榔のスリッパ　百萬足を目差し工場新設計畫〉，《臺灣日日新報》，1940年8月6日，第5版。
10. 〈安利團／體驗正港台灣味！檳榔西施將現身晚宴〉，《NOWnews今日新聞網》，2009年3月18日。來源：http://legacy.nownews.com/2009/03/18/138-2423884.htm#ixzz32jgm5XUl。
11. 〈汽車下等客車〉，《漢文臺灣日日新報》，1906年6月1日，第2版。
12. 〈東臺灣に於ける　内地人移民村を更生せしむべき一管見（四）／（E）檳榔子棕梠等の栽培〉，《臺灣日日新報》，1931.06.08，第5版。
13. 〈迎陸客／檳榔西施禁上車賣檳榔　違者罰！〉，《nownews》，2008年7月3日，（來源：http://legacy.nownews.com/2008/07/03/11476-2298913.htm）。
14. 〈屏東郡下の社衆が檳榔嚙みを廢止弊風打破、衛生の見地から漸次全蕃社に普及〉，《臺灣日日新報》，1937年3月26日，第9版。
15. 〈急凍！全台兩天28人猝死〉，《自由時報》，2013年12月20日。

16. 〈皇民化の徹底で頑固な農民覺醒竹林や檳榔樹畑が熱帶果樹園に變る〉,《臺灣日日新報》,1938 年 1 月 8 日。

17. 〈省長候選人農業政策各一套〉,《聯合報》,1994 年 11 月 22 日,第 3 版。

18. 〈時隔 60 多年,可口可樂重返緬甸投資〉,《今日新聞》,2013 年 6 月 5 日(來源:http://www.nownews.com/n/2013/06/05/256895。

19. 〈高鐵創意茶包讓護士爆乳惹議!高鐵:不考慮下架〉,《三立新聞臺》,2013 年 12 月 15 日,(來源:http://mobile.setnews.net/News.aspx?PageGroupID=6&NewsID=7258)。

20. 〈探究檳榔西施三不政策,讀賣新聞也來訪問朱立倫〉,《ETtoday》,2002 年 10 月 8 日,來源:http://intermargins.net/repression/sexwork/types/betelnut beauties/news/2002Jul-Dec/20021011d.htm。

21. 〈終點線前倒下 富邦 1 跑者休克送醫〉,《自由時報》2013 年 12 月 15 日。

22. 〈貪看檳榔西施!? 老翁開車撞檳榔攤〉,《蘋果日報》,2014 年 5 月 15 日(來源:http://www.appledaily.com.tw/realtimenews/article/new/20140515/398436/%E8%B2%AA%E7%9C%8B%E6%AA%B3%E6%A6%94%E8%A5%BF%E6%96%BD%EF%BC%81%EF%BC%9F%E3%80%80%E8%80%81%E7%BF%81%E9%96%8B%E8%BB%8A%E6%92%9E%E6%AA%B3%E6%A6%94%E6%94%A4)。

23. 〈登門服罪〉,《漢文臺灣日日新報》,1905 年 11 月 7 日,第 5 版。

24. 〈肅釐學況〉,《漢文臺灣日日新報》,1906 年 2 月 3 日,第 3 版。

25. 〈愛玉子檳榔干,短銷價跌〉,《漢文臺灣日日新報》,1936 年 5 月 21 日,第 n04 版。

26. 〈新花佐酒/暗築香巢〉,《漢文日日新報》,1909 年 10 月 6 日。

27. 〈新製卷煙草〉,《臺灣日日新報》,1910 年 6 月 23 日,第 5 版。

28. 〈嘉義名產〉,《漢文臺灣日日新報》,1905 年 8 月 15 日,第 6 版。

29. 〈嘉義歡迎總督之盛況〉,《漢文臺灣日日新報》,1906 年 1 月 13 日,第 3 版。

30. 〈對嘉義三部落,種熱帶果代檳榔樹〉,《漢文臺灣日日新報》,1937 年 2 月 2 日,第 8 版。

31. 〈臺南名產/剪葉爲扇〉,《漢文臺灣日日新報》,1905 年 10 月 13 日,第 4 版。

32. 〈臺灣荖葉檳榔組合の創立總會開く〉,《臺灣日日新報》,1943 年 4 月 27 日,第 4 版。

33. 〈獎勵外銷滯銷品 財廳准增卅四種〉,《聯合報》,1952 年 4 月 13 日,第 03 版。

34. 〈蕃人渡歐〉,《漢文臺灣日日新報》,1910 年 2 月 24 日,第 2 版。

35. 〈蕃薯寮近信／檳榔〉,《漢文臺灣日日新報》,1905 年 10 月 13 日,第 4 版。

36. 〈錯認阮郎〉,《漢文臺灣日日新報》,1905 年 8 月 6 日,第 5 版。

37. 〈檳榔でスリッパ復も代用品に凱歌〉,《臺灣日日新報》,1939 年 9 月 13 日,第 5 版。

38. 〈檳榔實の集荷統制 單寧資源として活用〉,《臺灣日日新報》,1943 年 7 月 27 日,第 2 版。

39. 〈檳榔樹の皮で 立派な靴の敷皮 又復代用品に凱歌〉,《臺灣日日新報》1939 年 12 月 2 日,第 5 版。

40. 〈檳榔樹の實は保健によい,杜聰明博士は語る,代船恒春丸入港〉,《漢文臺灣日日新報》,1933 年 4 月 12 日,第 n02 版(大阪大學張家禎協助翻譯)。

41. 〈檳榔嚙む "茗藤を" 農民は栽培せぬ 北門の田舍にも皇民化〉,《臺灣日日新報》,1940 年 9 月 1 日,第 5 版。

42. 〈檳榔攤爲掩護,警方破獲象棋非法賭場〉,《NOW news 今日新聞》,2011 年 9 月 19 日(來源:http://www.nownews.com/n/2011/09/19/412770)。

43. 〈檳榔攤兼卡拉 OK 成風〉,《蘋果日報》2006 年 12 月 12 日(來源:http://www.appledaily.com.tw/appledaily/article/headline/20061212/3099584/)。

44. 〈檳榔攤聚賭 西施把風破功〉,《中時電子報》,2014 年 4 月 25 日(來源:http://www.chinatimes.com/realtimenews/20140425004658-260402)。

45. 〈檳榔攤賣肉 35 歲男嫖 61 歲孃〉,《蘋果日報》,2014 年 1 月 16 日(來源:http://news.ltn.com.tw/news/local/paper/747174)。

46. 〈嚼檳榔有益人體,吞石灰非常不智〉,《聯合報》,1970 年 3 月 13 日,第 3 版。

47. 〈籐の栽培者が特殊作物に轉向檳榔子喫食の惡弊助長の「特產」に訣別〉,《臺灣日日新報》,1939 年 7 月 19 日。

48. 牛慶福,〈方南強 教小馬哥說台語〉,《聯合報》,1998 年 6 月 18 日,第 18 版。

49. 王宛茹,〈與河爭地代價幾何?青山不再洪水橫流〉,《聯合晚報》,1990 年 9 月 21 日,第 4 版。

50. 王揚宇,〈知名武術教練 登山暴斃〉,《自由時報》,2013 年 12 月 19 日。

51. 王瑄琪,〈《KANO》加持 灣潭國小檳榔扇上市〉,《中時電子報》,2014 年 4 月 4 日,(來源:http://www.chinatimes.com/newspapers/20140404000422-260107。

52. 王鈺淳、楊雅民，〈泰檳榔進口 農民反彈〉，《自由時報》，2006 年 4 月 6 日（來源：http://news.ltn.com.tw/news/life/paper/65514）。

53. 江志雄，〈誣鄰外遇 婦洗門風賠罪〉，《自由時報》，2009 年 5 月 1 日，（來源：http://news.ltn.com.tw/news/society/paper/299965）。

54. 江聰明，〈小馬哥會檳榔西施！少女訴委屈 小哥嘗檳榔〉，《聯合報》，1997 年 10 月 14 日，第 27 版。

55. 江聰明，〈小馬哥關懷社會 投身現場〉，《聯合報》，1997 年 10 月 7 日，第 25 版。

56. 吳世聰、吳俊鋒，〈21 歲掌討債團 檳榔攤當堂口〉，《自由時報》，2012 年 4 月 27 日（來源：http://news.ltn.com.tw/news/society/paper/579260）。

57. 吳行健，〈草地郎進京，滿嘴台罵加國罵‧莊腳人本色，分送檳榔與純真 曾振農，政壇一面，哈哈鏡〉，《聯合晚報》，1995 年 3 月 12 日，第 4 版。

58. 吳行健，〈趕場時車隊有如'火戰車：灌高粱、嚼檳榔，真情流露朱高正 高透明度〉，《聯合晚報》，1994 年 12 月 5 日，第 3 版。

59. 吳志雲，〈立法限制吃檳榔 馬：好好做〉，《聯合晚報》，1999 年 7 月 6 日，第 12 版。

60. 吳淑君，〈經國先生二三事路過明潭，好奇吃檳榔〉，《聯合報》，2009 年 4 月 12 日，第 a4 版。

61. 呂曼文，〈統一成立檳榔攤銷售公司〉，《蘋果日報》，2003 年 6 月 10 日。來源：http://www.appledaily.com.tw/appledaily/article/finance/20030610/96787/。

62. 李光儀，〈一書在手 老外抓得住台北〉，《聯合報》，2006 年 5 月 13 日，第 c2 版。

63. 李志德，〈馬：看緊美牛 派獸醫突襲〉，《聯合報》，2009 年 11 月 8 日，第 a4 版。

64. 周維新，〈宣布計程車調高運價 陳水扁同時公布民調〉，《聯合報》，1995 年 10 月 2 日，第 3 版。

65. 季良玉，〈檳榔盒印上他的文宣？環保團體批評，宋楚瑜喊冤〉，《聯合報》，1994 年 11 月 19 日，第 6 版。

66. 林如森，〈一個造成地層下陷 一個破壞水土保持，魚塭 檳榔樹 監委掛在心頭〉，《聯合報》，1990 年 10 月 5 日，第 7 版。

67. 林伯驊，〈幫忙做 KANO 扇 電影卻沒得看〉，《聯合報》，2014 年 3 月 13 日，第 B2 版。

68. 林政鋒，〈李總統吃檳榔，感謝里港農民盛情，淺嚐一顆〉，《經濟日報》，1993 年 5 月 9 日，第 3 版。

69. 林浚南，〈唐裝 檳榔 三字經 曾振農走在豔陽下〉，《聯合晚報》，1994 年 7 月 10 日，第 3 版。

70. 林進修，〈檳榔口香糖　再等幾年吧！衛署委託台大食研所　將研究保持口感提神　又不致造成口腔癌的口香糖〉，《聯合晚報》，1990 年 12 月 7 日，第 9 版。

71. 林靜華，〈用檳榔戒毒？台北看守所長提議　馬英九：爭議大再研究〉，《聯合報》，1994 年 8 月 24 日，第 7 版。

72. 邱淑宜，〈阿扁　全力掃蕩檳榔西施〉，《聯合晚報》，1996 年 8 月 28 日，第 4 版。

73. 南樵，〈恒春蕃俗瑣談〉，《漢文臺灣日日新報》，1907 年 9 月 8 日，第 4 版。

74. 施性湍，〈諸羅春色〉，《漢文臺灣日日新報》，1934 年 5 月 23 日，第 8 版。

75. 洪美秀，〈抽菸抓很兇　夜校生抗議〉，《自由時報》2010 年 3 月 23 日（來源：http://news.ltn.com.tw/news/local/paper/381879）。

76. 唐福春，〈各地檳榔樹傳有病蟲害　農林廳無意研究防治〉，《聯合報》，1992 年 8 月 19 日，第 15 版。

77. 娛樂中心，〈「女神」李毓芬和歌手張韶涵　竟然下海當檳榔西施了？〉，《三立新聞台》，2014 年 5 月 14 日。來源：http://www.setnews.net/News.aspx?PageGroupID=8&NewsID=23333&PageType=3。

78. 孫蓉華、陳惠惠，《聯合報》，2007 年 6 月 22 日，第 A6 版。

79. 徐聖倫、楊菁菁，〈吃到倒吊子檳榔　男倒地不治〉，《自由時報》2013 年 12 月 8 日。

80. 徐鑫輝，〈街頭掃描，檳榔公司〉，《經濟日報》，1986 年 7 月 23 日，第 12 版。

81. 高凌雲，〈侍衛憶往〉，《聯合晚報》，2000 年 1 月 12 日，第 4 版。

82. 張瑞楨，〈唬走後門擠公門　流浪漢隨機騙倒 33 人〉，《自由時報》，2010 年 3 月 22 日。

83. 許紫鏡，〈臺灣習俗美醜十則〉，《漢文臺灣日日新報》，1905 年 7 月 2 日。

84. 陳世財，〈檳榔業抗議：我們無罪！〉，《中國時報》，1997 年 6 月 5 日（來源：http://ago.gcaa.org.tw/env_news/199706/86060503.htm）。

85. 陳永順，〈巡視雲嘉基層農會，聽取赤司農場土地問題簡報，李總統：公地放領應速訂法令實施〉，《聯合報》，1993 年 5 月 29 日，第 4 版。

86. 陳志豪，〈北市長選舉，口水滿天，李安妮以「檳榔西施」形容馬英九〉，《聯合報》，2002 年 10 月 13 日，第 2 版。

87. 陳亭均，〈《KANO》上半年國片票房居冠〉，《中時電子報》，2014 年 6 月 3 日，（來源：http://www.chinatimes.com/newspapers/20140603000627-260112。

88. 陳洛薇，〈擺脫洗腎國　吳揆釘地下電台〉，《聯合報》，2010 年 3 月 26。

89. 陳建宇，〈牙醫師　也有少數紅唇族〉，《聯合報》，1993 年 4 月 16 日，第 5 版。

90. 陳建宇，〈向檳榔說不，請總統示範，醫界建議總統拍公益廣告，並且以身作則〉，《聯合報》，1993 年 5 月 10 日，第 5 版。

91. 陳彥廷，〈檳榔價倍增　屏東盤商收貨不出價〉，《自由時報》，2014 年 5 月 26 日（來源：http://news.ltn.com.tw/news/local/paper/782202）。

92. 陳界良，〈苗栗查獲私菸　名字竟叫客家〉，《自由時報》，2010 年 3 月 18 日（來源：http://news.ltn.com.tw/news/life/paper/380583）。

93. 陳祖華，〈蔣院長視察高速公路施工情形〉，《聯合晚報》，1974 年 3 月 4 日，第 2 版。

94. 陳景寶，〈客家　檳榔花　文化節　明登場〉，《聯合報（地方版）》，2004 年 9 月 17 日，第 b2 版。

95. 陸蓉之，〈「檳榔西施」　藝術外交奇兵？〉，《中國時報》，2002 年 4 月 24 日，（來源：http://intermargins.net/repression/sexwork/types/betelnut beauties/articles/2002Jan-Jun/20020425b.htm）。

96. 彭芸芳，〈高鐵刊物／新竹必看特色　包括檳榔西施？〉，《聯合報》，2010 年 1 月 31 日，第 a12 版。

97. 游太郎，〈撒奇萊雅族尋根　推檳榔情人娃娃、平安袋〉，《自由時報》，2010 年 3 月 21 日，（來源：http://news.ltn.com.tw/news/local/paper/381799。

98. 游太郎，〈檳榔花、心做料理　恐致癌〉，《自由時報》，2007 年 7 月 26 日，（來源：http://news.ltn.com.tw/news/local/paper/143589）。

99. 湯雅雯，〈馬上發，檳榔店趕流行〉，《聯合報》，2008 年 5 月 22 日，第 c2 版。

100. 湯寶隆、張世瑜，〈檳榔攤掩護　警方循聲破獲賭場　抓擁槍男〉，《蘋果日報》，2012 年 1 月 5 日（來源：http://www.appledaily.com.tw/appledaily/article/headline/20120105/33938712/）。

101. 項貽斐，〈張作驥、馬英九　交換檳榔經〉，《聯合報》，1999 年 11 月 26 日，第 26 版。

102. 馮景青，〈檳榔攤走北歐風　改造影片引熱議〉，《中時電子報》，2014 年 5 月 20 日，（來源：http://www.chinatimes.com/realtimenews/20140520004 691-260405）。

103. 黃文彥，〈近半檳榔攤　違法賣藥酒〉，《聯合報》，2014 年 5 月 2 日，（來源：http://udn.com/NEWS/LIFE/LIF1/8649464.shtml）。

104. 黃玉峰，〈檳榔　要不要改良推廣？省農林廳　不置可否〉，《聯合報》，1989 年 4 月 16 日。

105. 黃立翔,〈板橋市長住家　對門就是賭場〉,《自由時報》,2010 年 3 月 19 日(來源:http://news.ltn.com.tw/news/society/paper/380966)。

106. 愛綠茶,〈面試經驗談——桃色陷阱〉,《自由時報》,2010 年 2 月 9 日(來源:http://news.ltn.com.tw/news/supplement/paper/372757)。

107. 楊文琪,〈談起寶貝女兒　總是一臉幸福〉,《經濟日報》,2005 年 2 月 6 日,(來源:http://mag.udn.com/mag/people/storypage.jsp?f_ART_ID=18658)。

108. 楊致中,〈神木村!賀伯風災土石流 10 週年〉,《TVBS 新聞》,2006 年 7 月 15 日,(來源:http://news.tvbs.com.tw/entry/358124)。

109. 楊雅民,〈600ml 寶特瓶碳酸飲料　悄漲 16%〉,《自由時報》,2011 年 9 月 15 日(來源:http://news.ltn.com.tw/news/life/paper/524152)。

110. 葉永騫、張存薇、林明宏,〈檳榔崩盤下殺　每台斤 650 元跌破 10 元〉,《自由時報》,2006 年 8 月 19 日(來源:http://news.ltn.com.tw/news/life/paper/87573)。

111. 董智森,〈青少年禁吃檳榔　馬英九:全力支持〉,《聯合報》,1999 年 7 月 13 日,第 18 版。

112. 董智森,〈馬英九　最近分貝不低,震災、檳榔管理辦法、重罰酒後駕車……到蘇案〉,《聯合報》,1999 年 10 月 29 日,第 3 版。

113. 董智森,〈馬英九:小三通是小額走私除罪化〉,《聯合報》,2000 年 11 月 27 日,第 4 版。

114. 劉東皋,〈紅唇族不必為吐汁煩惱了,檳榔新產品,嚼來溫順,口感與喉韻,比傳統好〉,《經濟日報》,1992 年 7 月 13 日,第 19 版。

115. 劉開元,〈李安妮'性幻想'說,馬英九:沒興趣回應〉,《聯合晚報》,2002 年 10 月 14 日,第 19 版。

116. 蔡宗憲,〈天冷　心肌梗塞 2 猝死〉,《自由時報》2013 年 12 月 11 日。

117. 橫堀鐵研,〈冬夜偶感〉,《臺灣日日新報》,1896 年 12 月 27 日,第 1 版。

118. 簑島肱塘,〈濁水汽車中口號〉,《漢文臺灣日日新報》,1908 年 5 月 23 日,第 1 版。

119. 賴淑姬,〈管不了「吃檳榔」,只好管管「銷售者」〉,《聯合報》,1989 年 7 月 7 日,第 15 版。

120. 薛翰駿、李容萍、邱奕統、王英傑〈寒流發威　猝死意外頻傳——喘不過氣、冒冷汗……快呼救〉,《自由時報》,2013 年 12 月 20 日。

121. 謝文華,〈0.3cm 巧克力,來台試味蕾〉(臺北:自由時報,2011 年 11 月 1 日)。

122. 謝梅芬,〈元首習慣不同　馬總統不擾人〉,《聯合報》,2008 年 5 月 22 日,第 c2 版。

123. 魏怡嘉、郭靜慧，〈半天筍含檳榔鹼　過量易中毒〉，《自由時報》，2008年8月13日，（來源：http://news.ltn.com.tw/news/life/paper/234368/print）。

124. 魏斌、甯瑋瑜，〈博覽會邀西施　倡檳榔文化〉，《蘋果日報》，2007年4月15日（來源：http://www.appledaily.com.tw/appledaily/article/headline/20070415/3397369/）。

125. 魏潤菴，〈過下淡水溪〉，《漢文臺灣日日新報》，1923年3月17日，第3版。

126. 蘇明輝，〈「西施保守」　馬開口我冒汗〉，《聯合報》，2007年11月27日，第a15版。

六、電子媒體、資料庫

1. 〈九十二年臺灣地區攤販經營概況調查結果綜合分析〉中華民國統計資料網。來源：http://www.stat.gov.tw/public/Data/943015213971.doc

2. 〈創辦人的話〉，台塑關係企業官網（來源：http://www.fpg.com.tw/html/abu/abu_pdw_dtl11.htm）

3. 〈菁仔報價單〉（來源：知名度專業菁仔行網站 http://www.ychun168.com/pricept.html）

4. 《加入WTO農民宣導資料　檳榔》行政院農業委員會2011.11.01（來源：http://www.coa.gov.tw/view.php?catid=979）

5. Nign Wang 網誌，（來源：https://plus.google.com/116705655513111946128/posts/Naia7gzRqvv）

6. 內政部戶政司，〈歷年各鄉鎮市區人口數 Population for Township and District since 1981〉（來源：https://www.google.com/url?q=http://sowf.moi.gov.tw/stat/month/m1-10.xls&sa=U&ei=y8GDU7vlOYrc8AX_-oKgDw&ved=0CA4QFjAG&client=internal-uds-cse&usg=AFQjCNGKTs2g6IVCjg6ASDRmm9C6VH38PA）

7. 公平交易委員會新聞資料（來源：http://www.ftc.gov.tw/internet/main/doc/docDetail.aspx?uid=126&docid=13544）

8. 可口可樂官網（來源：http://www.coca-cola.com.tw/about_us/coke-attaiwan.aspx?kv=2）

9. 江旺財，〈檳榔的毒性作用〉（來源：http://www.pcc.vghtpe.gov.tw/old/docms/50104.htm20131229）

10. 行政院農業委員會，綜合統計，農產品生產量總值統計資料（果品作物）

11. 行政院農業委員會，綜合統計，農產品生產量總值統計資料（特用作物）

12. 行政院農業委員會，綜合統計，農產品生產量總值統計資料（特種作物）

13. 行政院農業委員會檳榔主題館（來源：http://kmweb.coa.gov.tw/subject/ct.asp?xItem=120963&ctNode=3643&mp=262&kpi=0）

14. 林維朝，〈臺灣雜詠·五首〉，《林維朝詩文集·初轉集》來源：國立臺灣文學館全臺詩資料庫 http://xdcm.nmtl.gov.tw/TWP/b/b02.htm

15. 胡正恆，〈親緣地理與生物考古：生物多樣性中的社會考古學〉（花蓮：慈濟大學人類發展研究所，2008 年）（來源：http://www.beha.tcu.edu.tw/migration/BNK.htm#檳榔與卡瓦 20131223）

16. 財團法人台灣癌症基金會〈檳榔與口腔癌是否有絕對的關聯？〉（來源：http://www.canceraway.org.tw/page.asp?IDno=231）

17. 陳培瑜臉書，（來源：https://www.facebook.com/permalink.php?story_fbid=10201791212332527&id=1548372193&fref=nf）

18. 臺新藝術獎官網（來源：http://www.taishinart.org.tw/chinese/2_taishinarts_award/2_2_top_detail.php?MID=3&ID=&AID=5&AKID=10&PeID=70）

19. 蔡碧吟，〈臺陽竹枝詞·三首〉，《廣臺灣詩乘》來源：臺灣文學館全臺詩資料庫 http://xdcm.nmtl.gov.tw/TWP/b/b02.htm

20. 衛生署福利部國民健康署（來源：http://www.hpa.gov.tw/BHPNet/Web/Healthtopic/Topic.aspx?id=201109140001）

七、古籍文獻

1. 丁紹儀，《東瀛識略》（臺北：臺灣銀行經濟研究室編，1957 年）。

2. 中國人民大學清史研究所、中國第一歷史檔案館合編，《天地會》（六），〈論哈當阿等臺灣民情聽其自然以期互相牽制〉（北京：中國人民大學出版社，1987 年）。

3. 六十七，《番社采風圖考》（臺北：臺灣銀行經濟研究室，1961 年）。

4. 王必昌，《重修台灣縣志》（台北：臺灣大通書局，1987 年）。

5. 朱仕玠，《小琉球漫誌.》（臺灣銀行經濟研究室，1957 年）。

6. 朱景英，〈記氣習〉，《海東札記》（臺北：臺灣銀行，1958 年）。

7. 李元春，《臺灣誌略》（臺北市：臺灣銀行經濟研究室，1958 年）。

8. 杜正勝編撰，《景印解說番社采風圖》（臺北：中央研究院歷史語言研究所，1998 年）。

9. 周鍾瑄，〈風俗志〉，《諸羅縣志》（臺北：臺灣銀行，1962 年）。

10. 周璽，《彰化縣治》，《臺灣文獻叢刊》第 156 種，卷九·風俗志〈漢俗·飲食〉（臺北：臺灣銀行，1962 年）。

11. 郁永河，《裨海紀遊》（臺北市：臺灣銀行經濟研究室，1956 年）。

12. 陳文達，《台灣縣志》（南投：台灣省文獻會，1993 年）。

13. 臺灣銀行經濟研究室，《臺灣雜詠合刻》（臺北市：臺灣銀行，1958 年）。

14. 劉錦藻，《清朝續文獻通考》（中國浙江：古籍出版社，2000 年）。

15. 蔣師轍，《臺游日記》（大通書局有限公司，1957 年）。

表　格

表格 1　「檳榔近十年進出口資料統計表」

年　度　別	進　口　總　量	出　口　總　量
2001 年	0	321.18
2002 年	905.6	441.59
2003 年	1806.48	563.08
2004 年	1.8	527.76
2005 年	0	406.86
2006 年	69.9	318.16
2007 年	182.37	386.24
2008 年	6.27	360.29
2009 年	0	220
2010 年	14.21	319.31

單位：公噸，來源：行政院農業委員會農產貿易統計查詢系統

表格 2　檳榔進出口國家量值資料

國家名稱	進 口 狀 況		出 口 狀 況	
	重 量	價 值	重 量	價 值
香港	0.0	0.0	2660.78	3347.1
中國大陸	0.0	0.0	1017.87	1290.5
泰國	2990.56	8470.1	57.61	23.3
越南	0.0	0.0	6.33	16.5
澳門	0.0	0.0	9.91	12.2
日本	0.0	0.0	1.66	1.7
比利時	0.0	0.0	0.05	1.0
留尼旺	0.0	0.0	0.02	0.6
美國	0.0	0.0	0.05	0.5
馬來西亞	0.0	0.0	2.00	0.4
新加坡	0.0	0.0	0.01	0.1
緬甸	0.98	5.4	0.00	0.0
合計	2991.54	8475.5	3756.28	4693.9

單位：重量（公噸）、價值（千美元），期間：2002 年 1 月～2011 年 9 月。來源：海
關進出口資料整理統計而得

表格 3　臺灣地區各縣市檳榔攤經營概況

地 區 別	檳榔攤家 數（家）	營 業 地 點 結 構 比（%）						
		住宅區附近	商圈、商業區附近	交流道、快速道等交通要道附近	工廠附近	市場旁	機關學校（補習班）附近	其他
總　　　計	17,604	40.55	10.72	22.48	7.66	4.89	4.45	9.24
北部地區	5,267	37.57	8.68	21.91	11.73	4.88	7.31	7.92
臺北市	755	12.45	47.28	10.86	─	20.53	─	8.87
基隆市	109	91.74	─	8.26	─	─	─	─
新竹市	131	61.83	─	38.17	─	─	─	─
臺北縣	2,418	41.56	3.35	21.17	13.11	3.76	12.70	4.34
宜蘭縣	483	39.54	─	11.80	12.63	1.66	14.91	19.46
桃園縣	1,131	42.26	0.27	24.58	19.27	0.27	─	13.35
新竹縣	240	12.50	6.67	69.17	9.17	─	2.50	─
中部地區	5,702	43.11	12.56	17.78	8.26	2.67	2.07	13.56
臺中市	1,312	30.79	34.07	4.65	11.28	5.41	─	13.80
苗栗縣	174	32.76	5.75	47.13	─	1.15	13.22	─
臺中縣	1,553	40.12	6.50	11.53	18.42	0.45	0.45	22.54
彰化縣	965	56.89	8.91	20.31	3.83	1.14	3.83	5.08
南投縣	769	30.30	1.04	51.63	─	─	5.85	11.18
雲林縣	929	63.72	6.89	10.66	─	6.57	0.65	11.52
南部地區	5,833	40.24	9.43	26.69	4.41	7.30	4.73	7.20
嘉義市	281	29.54	33.45	37.01	─	─	─	─
臺南市	351	31.62	13.11	8.55	11.11	8.55	11.11	15.95
高雄市	1,439	57.68	9.24	3.27	2.22	17.79	─	9.80
嘉義縣	366	49.18	─	38.52	─	─	12.30	─
臺南縣	845	32.19	2.01	38.22	20.83	─	─	6.75
高雄縣	1,090	43.85	11.19	17.06	0.92	11.56	6.06	9.36
屏東縣	1,426	26.09	9.19	50.91	─	0.49	8.84	4.49
澎湖縣	35	60.00	20.00	─	─	20.00	─	─
東部地區	802	44.26	20.57	29.05	0.25	3.12	0.62	2.12
臺東縣	372	42.20	7.26	43.01	0.54	4.84	1.34	0.81
花蓮縣	430	46.05	32.09	16.98	─	1.63	─	3.26

〈九十二年臺灣地區攤販經營概況調查結果綜合分析〉來源：中華民國統計資料網
http://www.stat.gov.tw/public/Data/943015213971.doc

表格 4　1996 年臺灣地區成人吸菸和檳榔行為聚集類型按社會人口學
　　　　因素之分佈〔註1〕

陳富莉　李　蘭

表一　民國八十五年臺灣地區成人吸菸和嚼檳榔行為聚集類型按社會人口學因素之分佈

項　　目	吸菸且嚼檳榔 (n=173)		吸菸但不嚼檳榔 (n=270)		嚼檳榔但不吸菸 (n=54)		不吸菸也不嚼檳榔 (n=1108)	
	人數	%	人數	%	人數	%	人數	%
1.地區別								
北部	39	6.3	130	20.8	3	0.5	451	72.4
中部	78	16.7	59	12.7	10	2.1	319	68.5
南部	23	7.7	47	15.8	6	2.0	221	74.4
東部	15	13.6	24	21.8	5	4.6	66	60.0
山地	18	16.5	10	9.2	30	27.5	51	46.8
2.性別								
男	167	21.6	238	30.8	22	2.9	345	46.7
女	6	0.7	32	3.8	32	3.8	763	91.6
3.職業								
無業、半(非)技術工人	47	5.9	93	11.7	33	4.2	621	78.2
技術工人	103	21.1	117	23.9	18	3.7	250	51.2
半專業或一般公務員	15	7.4	42	20.7	1	0.5	145	71.4
高(中)級專業人員	5	5.3	14	14.9	0	0.0	75	79.8
4.教育								
小學及以下	66	9.7	102	14.9	41	6.0	474	69.4
國中	56	20.2	61	22.0	9	3.3	151	54.5
高中(職)	44	11.8	67	17.9	3	0.8	260	69.5
大專及以上	5	2.0	38	14.9	0	0.0	212	83.1
5.族群								
本省閩南	131	10.8	199	16.5	18	1.5	861	71.2
本省客家	16	12.9	23	18.6	2	1.6	83	66.9
外省	7	4.6	40	25.9	0	0.0	107	69.5
原住民	18	17.0	8	7.6	33	31.1	47	44.3
6.宗教								
無	19	7.3	52	20.1	2	0.8	186	71.8
道教及民間信仰	106	12.8	140	16.9	21	2.5	563	67.8
佛教	29	8.8	63	19.1	1	0.3	237	71.8
基督教及天主教	14	10.3	10	7.4	20	14.7	92	67.7
其他*	5	10.2	5	10.2	10	20.4	29	59.2

*包括回教、一貫道、其他信仰等。

〔註1〕陳富莉、李蘭〈臺灣地區成年人之吸菸與嚼檳榔行為的組合及其相關因子探
　　　討〉,《中華公共衛生雜誌》18 卷第 5 期（1999.10）。

表格 5　檳榔種植面積統計

果品種植面積（公頃）						
項目別	臺北市	高雄市	新北市	臺中市	臺南市	臺灣省
	檳榔	檳榔	檳榔	檳榔	檳榔	檳榔
85年	12.00	1.00	...	...	...	56,568.00
86年	11.61	0.50	...	...	...	56,527.72
87年	13.13	0.50	...	...	...	56,098.00
88年	14.63	...	...	...	...	56,580.46
89年	25.08	0.00	...	...	...	55,574.67
90年	21.08	...	...	...	...	53,984.02
91年	21.08	...	...	...	...	53,250.88
92年	21.08	...	...	...	...	52,746.36
93年	21.05	...	...	...	...	52,303.04
94年	21.05	...	...	...	...	51,727.10
95年	20.09	...	...	...	...	50,533.73
96年	19.89	...	...	...	...	50,437.24
97年	19.89	...	...	...	...	50,146.94
98年	19.89	...	...	...	...	49,073.70
99年	19.89	...	...	...	...	46,786.24
100年	19.89	631.56	898.66	1,371.06	651.49	42,794.52
101年	19.89	630.31	901.18	1,344.22	621.93	42,369.36

來源：〈農產品生產面積統計〉行政院農業委員會

表格6　檳榔收穫面積統計

果品收穫面積（公頃）

項目別	臺北市 檳榔	高雄市 檳榔	新北市 檳榔	臺中市 檳榔	臺南市 檳榔	臺灣省 檳榔
85年	6.00	0.00	...	...	...	46,375.00
86年	6.21	0.00	...	...	...	47,607.85
87年	10.50	0.00	...	...	...	49,393.84
88年	12.88	...	...	...	...	51,196.62
89年	17.88	0.00	...	...	...	51,600.15
90年	14.48	...	...	...	...	51,012.12
91年	14.48	...	...	...	...	51,188.26
92年	14.53	...	...	...	...	50,772.89
93年	17.18	...	...	...	...	50,040.94
94年	21.05	...	...	...	...	50,315.57
95年	20.09	...	...	...	...	49,270.20
96年	19.89	...	...	...	...	49,811.26
97年	19.89	...	...	...	...	49,279.85
98年	19.89	...	...	...	...	48,248.69
99年	19.89	...	...	...	...	45,812.11
100年	19.89	610.59	882.67	1,370.25	651.49	42,417.20
101年	19.89	623.74	886.64	1,342.48	617.43	42,031.23

來源：〈農產品生產面積統計〉行政院農業委員會

表格 7　檳榔產量統計

果品產量（公噸）

項目別	臺北市	高雄市	新北市	臺中市	臺南市	臺灣省
	檳榔	檳榔	檳榔	檳榔	檳榔	檳榔
85年	12.00	0.00	...	...	...	160,106.00
86年	10.90	0.00	...	...	...	156,195.50
87年	28.05	0.00	...	...	...	172,545.67
88年	59.36	...	...	...	...	169,980.09
89年	66.47	0.00	...	...	...	166,909.37
90年	116.58	...	...	...	...	164,959.14
91年	62.13	...	...	...	...	162,190.78
92年	51.59	...	...	...	...	159,532.16
93年	54.24	...	...	...	...	143,313.54
94年	52.78	...	...	...	...	138,042.37
95年	65.12	...	...	...	...	141,497.83
96年	64.43	...	...	...	...	134,433.01
97年	97.08	...	...	...	...	144,097.89
98年	39.21	...	...	...	...	142,596.97
99年	60.37	...	...	...	...	131,676.71
100年	99.53	1,871.15	3,964.45	4,195.23	2,048.70	117,136.89
101年	41.41	1,913.14	3,974.48	4,196.64	1,804.75	112,161.06

來源：〈農產品生產面積統計〉行政院農業委員會

附錄：以檳榔西施為創作主題的藝術作品資料

藝術家	國籍	創作類型	作品名稱	年代	介紹頁面
瀨戶正人	日本	攝影集	Binran	2008	http://www.setos.jp/gallery/binran/index.php?page=1
荒木經惟	日本	攝影集	Alive	1999	http://www.arakinobuyoshi.com/profile/1991-2000.html
Artemieff, Boris	比利時	攝影集	Taiwan's Binlang Beauties: Portraits of a Culture	2005	http://www.abebooks.com/Taiwans-Binlang-Beauties-Portraits-Culture-Artemieff/8598810439/bd
Tobie Openshaw（歐陽峰）	南非	攝影集	檳榔西施攝影	從2000年開始	https://www.flickr.com/photos/tobie_openshaw/
施工忠昊	臺灣	裝置藝術	美術館檳榔攤之施公檳榔茶	2002	http://www.taishinart.org.tw/chinese/2_taishinarts_award/2_2_top_detail.php?MID=3&ID=&AID=5&AKID=10&PeID=70
林慶芳	臺灣	畫作	聖台妹——天使系列	2006～2007	http://www.linchingfong.com/tw/projects#saint-tai-girls-angel
吳瓊華	臺灣	裝置藝術	檳榔西施——台灣芭比12聯作等	2011	http://www.cabcy.gov.tw/cabcy/newpda/news_index.asp?id=2916
陳敬寶	臺灣	攝影集	片刻濃妝——檳榔西施影像集	2003	http://www.chinpaochen.com/pc_a00.html
黃庭輔	臺灣	影像	黃屋手記	2004～2006	http://www.ctfa.org.tw/filmmaker/content.php?cid=2&id=667